滄海叢刊

思齊集

鄭彥棻 著

1983

東大圖書公司印行

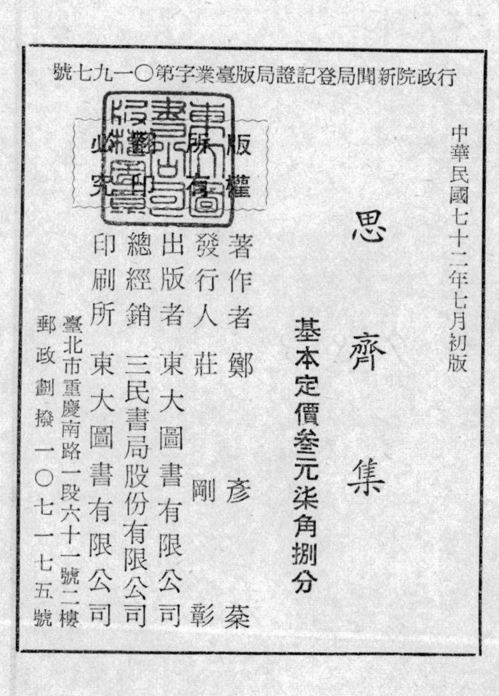

中華民國七十二年七月初版

思齊集

基本定價叁元柒角捌分

著作者 鄭彥棻
發行人 莊剛彰
出版者 東大圖書有限公司
總經銷 三民書局股份有限公司
印刷所 東大圖書有限公司
臺北市重慶南路一段六十一號二樓
郵政劃撥一〇七一七五號

行政院新聞局登記證局版臺業字第〇一九七號

前言

民國六十四年二月及六十七年十一月，本局曾商請鄭彥棻先生印行所著「景光集」及「師友風義」兩書，都是鄭先生思親憶師、懷舊念友之作，出版以來，深受讀者歡迎。

現在我們又蒐集了鄭先生近年來在各報章雜誌所發表懷念先哲先賢和友人故舊的文章，其中有的是參加革命、拋頭顱灑熱血的先烈志士，有的是翊贊中樞、對民主法治卓著貢獻的黨國元老，有的是參與北伐抗戰、功勳彪炳的革命將領，有的是在政治黨務各方面有卓越事功的朋友，有的是志行高潔、清風亮節的學者藝人，有的是忠誠勤奮、鞠躬盡瘁的幹部，凡廿四篇，大都記述歷史人物的生平，并有不少珍貴史料，深具有歷史掌故價值。

鄭先生的文筆，自然流暢，不斤斤於辭藻的雕琢，而於字裡行間，流露眞摯的情感，早爲世重。我們從這些文章，固可認知這些歷史人物的豐功偉績和嘉言懿行，而由其文字的表達，也可看出鄭先生的爲人處世，平易近人，至性至情。

鄭先生記述這些人物的事蹟，不論其對國家貢獻的幅度或對社會影響的深度，都值得我們懷念和學習，洵足以風範當世，策勵來茲。論語云：「見賢思齊焉」，因將本書命名爲「思齊集」，作者讀者，諒有同感。

民國七十二年五月

三民書局編輯委員會謹識

思齊集 目次

朱執信先生遺像

民國三年（1914）朱執信赴南洋籌款，在怡保與同志合影

民國七年護法時期，朱執信（前排左二）與 國父（前排右五）胡漢民（前排右四）等在廣州合影。

民國七年（1918）朱執信（前左）與廖仲愷（前右）邵元沖（後右）及吳醫生合影。

革命聖人　朱執信先生

一、革命聖人

「養天地正氣，法古今完人。」

這是我們在一些訓練機構常見的兩句話。我認爲把它拿來作爲我們讀史，尤其是讀革命先賢歷史的態度，最爲恰當。因爲這樣才使讀史的人有所添益，有所收穫。

朱執信先生殉國成仁已六十週年了。民國九年九月廿一日，朱先生應邀親到廣東虎門要塞對炮臺降軍講話，因民軍與降軍發生誤會忽被圍攻，不幸遇難，朱先生逝世時才三十六歲。當時，國父正在上海，手持噩耗電報，十分傷心，悲悼長嘆的說：「執信是革命中的聖人！」從　國父這一句話，就可見執信先生對革命貢獻之偉大，革命人格之崇高，革命精神之旺盛與革命行動之壯烈！

民國十四年三月十二日， 國父逝世，先總統 蔣公在前線公祭 國父時，其祭文有曰：「英士既死，吾師期我以繼英士之事業；執信踵亡，吾師並以執信之責歸諸中正」。這可見 國父和先總統蔣公對執信先生的評價絕非平常，不是一般人可比的。

筆者對執信先生有「仰之彌高，鑽之彌堅」之感。以一個黨中後輩，而又未能親承敎誨的人來寫執信先生的事功風範，殊難做到恰如其分，詞達意到。我謹錄胡漢民和戴季陶兩先生的話來描繪執信先生的爲人。

在胡漢民先生文集裏，有「朱執信殉國紀念」的一篇文章，胡先生說：「朱先生之爲人，誠義、忠厚、和平、勤學、好問，又有過人聰明，一往直前，勇氣過人，尤能以德服人。」

戴季陶先生在「懷朱執信先生」文裏說：「中國人最缺少的是崇高的氣象，你的崇高氣象，却眞可比得喜馬拉雅的最高峯。中國近代的人在『爲公衆』名義下面活動的人，最缺少的純潔，你的純潔，眞是可以比得峨嵋山下平羌峽裏流着那碧澄澄的水。我認識的人很少的，我曉得的人也很少的，可是在我所認識所曉得的裏面，我只認識你是第一個崇高純潔而又能不斷努力的『眞人』」。又說：「我對於執信，我覺得他的崇高純潔，在近代人中，實在沒有見第二個。我雖然不願用古典文學，可是『先生之風，山高水長』這兩句話的確可以用來讚他了。」

胡、戴兩先生對執信先生讚揚的話，眞可以代表我們後輩的心聲。

如不以人廢言，執信先生的四舅汪兆銘論「執信的人格」時說：「執信的人格，形容起來，惟有中庸的『至誠無息』四字，可以得其大略」。

在紀念朱執信先生逝世六十周年的時候，我們回憶起這位兼具智、仁、勇而又至誠、純潔的革命聖人，眞有無限的敬佩！無限的懷念！

二、學問濟世

朱執信先生幼懷大志，聰敏過人。他的父親啓連公習刑臺之學，對於桐城派的古文造詣極深，是嶺南近代古文家，他的母親汪太夫人，家學淵源，能詩、能詞、能文，與啓連公有唱隨之雅。執信先生在這樣的家庭環境，可說得天獨厚。

他自幼卽熟讀經、史。啓連公曾一度禮聘當時的碩儒章奏篪先生作他的家庭教師，章先生後以執信先生「所授無不通曉，所疑章句亦難遽以回答」，而請辭教席。不久，朱先生進入一間中西參半的「教忠學堂」就讀，這間學堂後因風潮停辦，他便只有一方面自修，一方面延請姚禮修先生教日文，以追求更深更新的學問。

這期間，朱先生還聯合一班志同道合的人士，如他的日文教師姚禮修、四舅汪兆銘、好友古應芬、杜之杕等十多人，共同組織「羣智社」，以「共同研討新學，集資購閱新學書報，以講求西學爲主旨」。

一九〇四年二月，北京的京師大學堂開辦預科，七月舉行入學考試，執信先生以「高第入選」；同年夏天，兩廣總督府舉辦官費留日「法政科」考試，在應考的三百多人中，錄取四十一人，執信先生又高中了第一名，執信先生在兩者之間選擇了後者，以留日去追求新知。當時，他僅僅是二十歲的青年。

一九〇六年六月，執信先生畢業於東京私立法政大學，在同期畢業的二四三名同學中，名列甲等前五名。他勤奮好學，且具有日新又新的精神。一九一九年七月七日，他致書先總統 蔣公說：「弟現在觀察中國情形，以為非從思想上謀改革不可，故決心此後將以全力從事於思想上之革新……」

一九一九年執信先生在上海又約同廖仲愷先生共同學習俄文，因為他的天分高，故「治俄文數星期，即能提筆作俄文短牘。」由於執信先生學養高深，他寫文章極快，胡漢民先生曾說：「先生讀書之量甚多，做起文章來極快，精神一集中，千萬言一揮而就，曾在上海環龍路四十四號隔壁租過一所小房子，夫人而外，還有三、四個小孩合居一樓一廳。先生做文章時，常常有一個孩子牽著手，一個孩子抱着脚，一個孩子坐在膝上，案上書籍亂疊，先生在亂書叢中，孩子隊中，看書、思想、作文，又快又認眞，從來沒有一文一字的草率；寫字筆筆透到紙背，那種精神眞非常人所及。」

我們的革命前輩必懷大志、有大才、具大勇。許多人常說：我們的革命前輩坐在桌上能寫，站在臺上能講，跑到街上能鬥。我們的黨員守則有「學問爲濟世之本」這一條，執信先生在這幾方面都應爲我們的模範。

三、坐言起行

執信先生留日期間，正是我國留學生大量東渡之時。國父也適於這時自歐洲到日本，集結在日革命團體及革命志士，成立同盟會。執信先生便由胡毅生先生的介紹，和汪兆銘、李文範、古應芬諸先生，同時加盟。此後十數年間，他獻身革命大業，名垂青史。

執信先生是一位坐言起行的典型人物。

同盟會於一九〇五年八月廿日正式成立，並於十一月廿六日正式創刊「民報」，國父在發刊詞中，提出三民主義的革命理想；執信先生在「民報」中以「蟄伸」、「縣解」等筆名，發表了下列重要文章：「論滿洲雖欲立憲而不能」、「德意志社會革命家小傳」、「駁法律新聞之論清廷立憲」、「英國新總選舉勞働黨之進步」、「從社會主義論鐵道國有及中國鐵道之官辦私辦」、「北美合衆國之相續稅」、「就論理學駁新民叢報論革命之謬」、「土地國有與財政」和「心理的國家主義」；及後，執信先生復在「中國日報」、「民國雜誌」等報刊撰稿並陸續撰寫專書，但最重要的乃是主編「建設雜誌」這一時期所發表的文章。

執信先生的著述甚多，以筆者粗淺的研究，最能表達他的人生觀和政治觀，要算「求學與辦事」、「羣衆運動與促進者」、「我們要一種什麼樣的憲法」、和「國會之非代表性及其救濟方法」這四篇文章。

在「求學與辦事」一文，執信先生提出中國社會之所以有辦事不求學與祇求學而不辦事的兩種人，主要原因有二：一、社會變遷太快，形成很多沒有學問的辦事人；二、沒學問的辦事人太多，把有學問的人逐出辦事的圈子外。執信先生主張求學與辦事應齊頭並進，以辦事經驗增益求學效果，而以求學效果加強辦事能力，他擧革命黨中的吳稚暉先生爲既辦事又求學的範例。這一文足以代表執信先生的人生觀。

在「羣衆運動與促進者」一文，執信先生認爲「羣衆運動要成熟，必須靠多數人的意志力，然此意志力之形成，其最大力量，則在一部分既不做代表，不做發起人，而肯在背後默默地提挈、鼓勵羣衆心理的人。」很明顯的，執信先生主張羣衆運動的促進者必須是能提綱挈領，甘於寂寞的幕後英雄。

在「我們要一種什麼樣的憲法」一文，執信先生認爲一部好的憲法，應該把人民的威力表現出來，否則永遠不能够成爲實用的憲法。他重視民意，主張讓人民直接參與政治。人民不祇有選擧權，也要有罷官權、創制權、複決權。

在「國會之非代表性及其救濟」一文，執信先生詳細析述西方國家代議制中之國會，不能代表民意，選擧制度上亦有其弊病；議會中之決議，每與人民多數意見相反，人民所欲建議的事項，也未必列入議程。他認爲這是大家共知的事實。同時，他指出：現代國家對於國會之非代表性，已從他方面採取自爲制限之措施，以減少國會違反民意的危險，如施行「直接民權」及採取複決權等等，當爲最有效的救濟方法。

上面所舉的三篇文章，觀念相通，體系分明，自可表現執信先生的政治觀。從這些地方可以看出他一言一行，終身都是爲國家、爲人民、爲自由、爲民主貢獻其心力。故後來每次革命行動，都有執信先生直接或間接的參與，直到民國九年九月廿一日在虎門要塞炮臺遇難犧牲成仁爲止。

四、精誠感召

筆者雖未能親承朱執信先生的教誨，但我與執信先生亦間接有些心靈接通的機緣。因爲我的啓蒙教育是在鄰鄉（我母親的家鄉）北滘鄉立高等小學，這所學校是執信先生極親密的革命同志周蘇羣（之貞）先生所創辦的。校長周可大（仲爵）先生也是一位革命先進，校址就在周氏大宗祠，學校的匾額是創辦人的友好同志胡展堂（漢民）先生所親題。因爲這個機緣，我便常常聽到周校長講述創辦人周蘇羣先生和執信、展堂先生們的革命事蹟。及至民國二十一年，筆者在國際聯盟服務時，蘇羣先生到歐洲旅遊，他爲欣賞瑞士的風光，在日內瓦住了好幾天，我乃有機會聽到他詳述執信先生奔走革命的往事，以及執信先生爲革命犧牲奮鬥的經過。

在蘇羣先生的迭次談話中，使我更多瞭解，民前三年，執信先生如何策反廣州的新軍及努力聯絡廣東省屬番禺、南海、順德各地民軍共謀響應的作法。民前一年，廣州甫經光復，執信先生奉命潛入廣東內地，發動各路民軍進逼省城，使清軍節節潰敗的英勇事蹟，以及民前一年，武昌起義後，執信先生與胡毅生、李福林、黃明堂諸先生在廣東各地揭竿起義的救國熱情。民國成立以後，民元，執信先生任廣東廣陽綏靖處督辦，勤政愛民，深爲人所稱譽。民三，爲策應粤省倒袁經費，執信先生奉 國父命偕同蘇羣先生赴星加坡、吉隆坡、庇能、痲六甲等地籌款，達成任務。民五，廣東組成討袁北伐軍，共爲三軍。第一軍司令就是朱執信先生，第二、第三軍的司令，則爲鄧鏗及周之貞。民九， 國父爲消除桂系軍閥，收復廣東，作爲革命根據地，特命執信先生回粤主持。執信先生乃在香港與古應芬、吳鐵城、夏重民、葉夏聲諸先生組織機關，運動各縣民團，連絡民軍，工作積極，成效卓著，這些革命事蹟，雖略散見史籍，但語焉不詳。蘇羣先生因參與其事，且與執信先生情篤交深，道來至爲詳實，聆聽之餘，令我對這位有膽有識，允文允武的革命聖人，更肅然起敬！

以上所說執信先生的種種革命精神，就是中國國民黨的傳統精神。本黨自 總理創立 總裁繼承，直至今日由蔣主席經國先生繼續領導，始終把握着本黨這種革命精神來團結奮鬥，努力不懈！

我個人雖未親炙過執信先生，但受他的言行及精神感召最大，尤其是他在「建設雜誌」所寫的文章，對我做人做事的啓廸最多。例如他的「求學與辦事」一文，可以說是我從政時期所奉行的「機關學校化，工作教育化」的理論泉源。我參加制憲會議，從事立法工作，以至對五權憲法之不斷研究，也可以說都是受到執信先生言行的啓導。

我在行文紀念執信先生之餘，特抄錄胡展堂先生「哭執信」一詩，作本文的結束：

「豈徒風誼兼師友，屢共艱難識性情。關塞歸魂秋黯淡，河梁攜手語分明。盜猶憎主誰之過？人盡思君死太輕！哀語追摹終不是，鑄金寧得似平生?!」

（民國七十年四月）

胡漢民先生遺像

胡漢民先生與魏道明等攝於德國旅次（民國二十四年）。

中華革命黨成立時胡漢民先生（前排右四）與國父及同志合影（民國三年、東京）。

民國十七年七月十四日，本書作者在法國晉謁胡漢民先生時合影。

胡展堂先生對憲政的貢獻

今年十一月廿六日是胡展堂先生的百歲誕辰。展堂先生是革命元勳，一生對國家和革命的功績和貢獻，昭垂史册，不用多說。他對我國的民主憲政，也有非常卓越的貢獻，在我國憲政史上，展堂先生也功不可沒，其嘉言懿行，實足永垂不朽。

展堂先生幼年隨父遊幕粵省各州郡，看到當時官府中腐敗，便有改革之志，曾自記：「七歲時，寓高州府衙，與老僕過衙中審訊處，適刑扑犯人，犯人號呼如豕啼，余急走避，數月不敢出」。及長，以舌耕爲生，漸與新思潮接觸，更以提倡新學自任，某年元旦曾自書大門春聯爲：「文明新世界，獨立大精神」，可見先生自幼即富民主思想與革命精神，但以所學不足，便決心赴日留學，爲了籌集留學費用，還先參加鄉試，中了舉人，然後爲人捉刀，得金六千餘，赴日留學。

展堂先生初渡日本，入弘文學院學師範，但覺得所學不副自己所望，第二次去日本，便改習法政，就讀於梅謙次郎主持的速成法政，得讀當時的歐美法政名著，並對日本明治維新的經過，有深切的認識，便確立其民主憲政的信仰和革命建國的決心。時值 國父赴日組織同盟會，先生一見傾服，便和他的夫人陳淑子、妹寧媛同時參加同盟會， 國父也賞識其才華，初任爲評議部議員，旋任秘書，掌理機要文書。其後同盟會刋行機關報， 國父便採納展堂先生的意見，定名爲「民報」，並以先生爲編輯，發刋辭也是由 國父口授而先生執筆的。該報正式揭櫫民族、民權、民生三大主義，展堂先生在該報撰文，發揚三民主義思想和民主憲政的主張至力，先生原名衍鴻，漢民也就是當時開始使用的筆名。

當時旅日留學生的思想很複雜，由於康有爲、梁啓超等先後創辦「清議報」、「新民叢報」等，鼓吹保皇言論，另有一部份人則主張君主立憲。同盟會雖有章炳麟、鄒容、陳天華等，先後著「駁康有爲書」、「革命軍」、「警世鐘」、「猛回頭」等書，痛加駁斥，大爲風行。但這些書都着重提倡排滿，專言破壞，少談建設，還未能打破保皇立憲思想的優勢。「民報」出版後，乃積極闡揚三民主義思想和民主憲政的主張，並針對保皇立憲的謬論，與「新民叢報」展開筆戰。展堂先生所撰「民報之六大主張」、「排外與國際法」、「告非難民生主義者」、「斥新民叢報之謬妄」等文，都傳誦一時。梁啓超自知不敵，曾求和無效，「新民叢報」終告停刋，保皇言論也消聲匿跡。革命思想和民主憲政，乃成爲當時留學生政治思想的主流。

民前五年，展堂先生隨 國父離日至南洋各地奔走，策動革命起義，仍時刻不忘闡揚革命思想，宣傳民主憲政：初抵新加坡，便和當地同志籌劃創刊黨報，定名爲「中興日報」，於是年八月出版，該報發刊詞也是先生撰述的。 國父抵河內後，先後發動黃岡、惠州、防城、鎮南關、欽廉、河口諸役，展堂先生則奔走各地，聯絡策應。鎮南關之役，更曾隨 國父登關發砲，參與實戰。諸役先後失敗，展堂先生於翌年七月抵新加坡，協助 國父處理善後。當時東京同志也多已回國潛入各地從事革命，革命思想已漸瀰漫於國內。但南洋各地，保皇立憲的人士仍到處煽惑華僑，阻其贊成革命。 國父乃命先生爲「中興日報」撰稿，與保皇黨機關報「南洋總滙報」展開筆戰，所撰「嗚呼滿洲，所謂憲法大綱」一文，傳誦一時。更由 國父口授大意，撰「立憲問題」小册，印數萬份，散佈各地。又奉派爲南洋支部長，赴各地宣揚主義，指導黨務，鼓動南洋各地僑胞踴躍參加革命。所以，在開國以前，展堂先生除參加革命行動，策動各地起義外，其宣揚革命主張，駁斥保皇立憲謬論，使民主憲政思想深入人心，厥功至偉。

辛亥革命武昌首義，展堂先生在西貢聞訊，卽偕一批華僑從軍青年返港，策動廣東響應。廣東光復，被推任都督，在位雖僅兩月餘， 國父由美歐返國，卽隨 國父北上任臨時總統府秘書長。在粵期間，先生除了整理內部和組軍北伐外，還注意奠立民主憲政的基礎：一面制定「臨時省議會選舉法」，成立省議會，其中同盟會代表廿人中，並以十人爲婦女代表，開我國婦女出任議員的先河。一面致力澄清吏治，整頓縣政。他曾追述當時情形說：「當時原無所謂省政府會議，各省多採省長獨裁制，兄弟爲集思廣益，每星期內，都召集省府同人，開一次會，商量種種。遇到某縣出缺時，便請大家選賢與能。可是大家往往搜索許久，搜索不出，不得已便找本府裡面各廳司長、科長、秘書等，供職多時，人品很好的，去承乏一下，以爲其人總可靠了，那知結果還是不行，還是常常鬧亂子。當時凡經察覺舞弊的縣長，兄弟毫不客氣，馬上把他撤換，如果交代不清，罪情重大，立予逮捕，按法懲治」。由此可知先生對憲政基礎的重視和他的民主精神。

在開國時期，先生對我國憲政的最大貢獻，還是他在臨時總統府秘書長任內爲亞洲第一個民主共和國建立政制所作的努力。雖然 國父於民國元年元旦就任臨時大總統，四月一日即辭任，只有短短的三個月期間，當時情勢又動盪不安，但展堂先生仍秉承 國父指示，盡力爲這新建的民國建立憲政基礎。當時，雖然還沒有憲法，但總統府咨送參議院的臨時政府組織法，便有人民權利義務的規定，以保障人民自由權利，而臨時大總統就職後，先後頒布多項政令，首先便廢除清代官場稱呼，宣告五族共和、保障人民自由權利、嚴禁刑訊、禁止買賣人口和販賣「豬仔」、嚴禁鴉片等，以徹底掃除滿清腐敗氣習，建立民主法治觀念。展堂先生更自定總統府由秘書長至錄事，不分官級，一律月俸三十元，並由公家供給膳宿，以示平等，充分表現其民主精神。又先後下令各省實行軍政分治、統一財政、整飭吏治、重視農事、切實賑災等，以奠立憲政基礎，減除人民疾苦。在這三個月當中，先生致力建立各項典章制度，更不遺餘力，無論官制、軍制和財政、教育、司法、實業、交通甚至考試、銓敍等，都訂立了各種基本制度，看到這段期間的開國文獻，我們不能不佩服這一位卅四歲的幕僚長的卓見遠識和他對民主憲政的貢獻。無怪他記述這期間的辛勞說：「余治總統府文書，大小悉必過目，四方有求見先生（指　國父）者，必先見之，忙勞彷彿在粵時。余與先生同寢室，每夜余必舉日間所施行重要事件以告，其未遽執行時，必陳其所以，常計事至於達旦」。

臨時政府解組後，展堂先生除曾一度返粵復任都督外，袁世凱叛國，先生即追隨　國父，奔走各地，策動討袁、護法諸役，爲維持中華民國莊嚴法統而奮鬪。嗣隨　國父以廣東爲革命基地，組織軍政府，改組中國國民黨，重整革命陣容，　國父逝世後，共黨對先生極力排擠，先策動改組國民政府，解除其代行大元帥職權並兼廣東省長的職務，嗣復藉廖仲愷被刺案迫其離粵，直到先總統　蔣公繼承　國父遺志，率師北伐，於民國十七年四月召開四中全會，實行清黨，定都南京，展堂先生才赴京出任國民政府主席、中央政治委員會主席、中央宣傳部長等職。但當時寧漢分裂，黨內意見仍很分歧，未幾先總統　蔣公宣告下野，先生也就辭職居滬。這段期間，以內亂頻仍，先生僅能爲維持民國法統和堅持革命主張而艱苦奮鬪，直到民國十七年完成北伐，統一全國，先生才對訓政綱領的訂頒及五院制度的建立，有卓越的貢獻，展開我國憲政史嶄新的一頁。

民國十七年國民革命軍收復平津，統一全國時，展堂先生正偕孫科、伍朝樞先生奉派赴歐美考察，宣揚國策，敦睦邦交，並致力取消不平等條約。先生等在各地訪問時，都和朝野人士與輿論界，廣爲接觸，宣揚我國政策，願與各國提攜協作，並呼籲各國廢除不平等條約。六月抵法，當時我還在巴黎留學，法國國慶那天，曾承展堂先生召見於旅邸，暢談其五權政制之意見並囑合照留念。先生等在巴黎聽見平津收復的消息，並聞東北亦將易幟，全國卽可統一，認爲應卽依照國父手定革命程序，實施訓政，奠立國基。卽致電中央，提出「訓政大綱案」，建議實施訓政，並試行五院制。經中央接受後，展堂先生便由歐歸國，經港時，粵省將領請先生留粵主持政治分會，爲先生所拒，對所謂「分治合作」，並不同意。抵滬後發表訓政大綱提案說明書，說明訓政綱領與五院設立之原則及其制度，其中主要部份有二：一爲政治會議綱領，一爲國民政府組織綱領。關於原則上之說明有四：一爲應世界之環境與國民之需要，二爲訓練人民之政治能力，三爲訓政之責任在昭示黨與政府之關係，四爲從革命過程之所經階段。關於制度上之說明有五：一爲政治會議，二爲國民政府組織綱領之全部精神，三爲立法院與其他各院，四爲總理五權憲法，五爲考試監察兩院之職權。說明至爲詳盡，可見其思慮之周詳。嗣中央於十七年十月先後制頒訓政綱領、國民政府組織法和五院組織法，便多接納先生的意見。其中訓政綱領，尤爲訓政時期約法頒布前的國家根本大法，也可說是中華民國臨時約法被袁世凱破壞後的第一個根本大法，其全文如次：

「中國國民黨實行　總理三民主義，依照建國大綱，在訓政時期訓練國民使用政權，至憲政開始，弼成全民政治，制定如左之綱領：

一、中華民國於訓政時期，由中國國民黨全國代表大會代表國民大會，領導國民，行使政權。

二、中國國民黨全國代表大會閉會時，以政權付託於中國國民黨中央執行委員會執行之。

三、依照 國父建國大綱所定選舉、罷免、創制、複決四種政權，應訓練國民逐漸推行，以立憲政之基礎。

四、治權之行政、立法、司法、考試、監察五項，付託於國民政府總攬而執行之，以立憲政時民選政府之基礎。

五、指導監督國民政府重大國務之施行，由中國國民黨中央執行委員會政治會議行之。

六、中華民國國民政府組織法之修正及解釋，由中國國民黨中央執行委員會政治會議決定之」。

國民政府組織法和五院組織法公布後，展堂先生被任爲國民政府委員、立法院院長，而依國民政府組織法及立法院組織法，立法院爲國民政府最高立法機關，有議決法律案、預算案、大赦案、宣戰案、媾和案、條約案及其他國際事項之權。當時全國統一伊始，百廢待舉，民主法治基礎之建立，更有賴於立法，先生就任第一屆立法院長，從事立法工作，對民主憲政基礎之奠立，貢獻至大。

先生就任第一屆立法院長時，便發表「三民主義的立法精神與立法方針」一文，主張「立法宜寬，行法宜嚴」。並闡明將以三民主義爲圖案，爲中國創造一部合於國民需要之法典。又指出

「三民主義的立法，必須立於社會公共利益之平衡基礎上，依此基礎，確立下列六個範圍：㈠關於社會之安全者，㈡關於社會團體和制度者，㈢關於公共道德者，㈣關於社會財力之保育者，㈤關於社會經濟之進步發展者，㈥關於文化的進步者。以後的立法方針，必須依照上項社會公共利益而定」，而「中國經歷長期紛亂之餘，社會之安定爲立法之第一方針，經濟事業之保養發展爲第二方針，社會各種現實利益之調節平衡爲第三方針」，可見先生對社會立法的重視和以法治鞏固憲政、完成建設的卓識。

先生主持立法院，計由民國十七年十二月立法院成立起，至民國廿年三月止，雖然僅兩年多期間，但許多重要法典，如民法、刑法、土地法、公司法、票據法、海商法、保險法、民事訴訟法、刑事訴訟法、地方自治法、工會法、農會法、漁會法、工廠法、礦業法、勞動法等，都是這時期完成，使我國法制燦然大備。而每一立法，都將三民主義的理論和精神，融會貫通於法典之中。尤其民法的制定，先生曾講述「新民法的新精神」，認爲公法「只能解決民權主義的問題，若解決民族主義，民生主義的問題，必須應用私法民法」。這新民法的制定，可說使中國社會走上一次看不見的革命，也是先生對中國社會改革的一大貢獻。而在這期間的立法，奠立了法治基礎，對我國憲政的貢獻，自更足永垂不朽。

展堂先生任立法院長期間，眞是備極辛勞，誠如林主席子超追悼胡先生時所說：「他在立法院長任內，自始至終，沒有一次開會不出席，他住在南京，中間也沒有一次離京他往。」而據當時立法院同人記述，先生除了特別出席其他會議外，每天上午八時，一定到院辦公，應由他主持的各種會議，都必親自主持，討論至爲認眞，往往竟日會議，由早到晚，先生都始終精神貫注。所以，他主持立法院期間能有如許成就，絕非偶然。

展堂先生畢生致力革命，努力國事，奔走呼號，冒險犯難，參與開國、討袁、護法、北伐各次革命戰役，其功固不可沒，而他對三民主義民主憲政思想的闡揚，和每次在革命政權建立，爲推進民主憲政、實現三民主義所作的努力，亦有輝煌的成就與貢獻，尤其在民初總統府秘書長時對民國政制法制的建立、在粵主政時對地方建設的推進，全國統一時對訓政綱領的頒行與五院制度的建立，在立法院任內對民主法治基礎的奠立，其貢獻都是非常偉大的。在先生百歲誕辰前夕，追懷這一位憲政人物，實使人有無限的景仰和懷念。

（民國六十七年十一月）

胡漢民先生的教育思想

黨國元老胡漢民先生的生平事蹟，及其對國家的不朽貢獻，相信讀過中國近代史的，都已經知道了。最近，重讀胡先生的年譜和自傳，看到他有一段關於學生訓育的話，我覺得很有意義，而且非常正確。另在胡先生文集中，也有不少關於教育上的名言偉論，所以我願意談談胡先生的教育思想，我相信：這對青年爲人處世之道，是有所啓發的。

胡先生幼而好學，他在自傳中自認「知識慾頗盛」。當他十一、二歲的時候，便讀了十三經，而且涉獵及史記古文之類，下筆爲文，已斐然可觀了。十六歲爲着生活關係，設館課徒，開始致力於教育工作，後受　國父革命思想的號召，認爲「非遊學無以與革命黨人謀，即個人學業，亦猶不足充所懷之志願。」於是赴日留學，入弘文書院師範科，但以校中所授課業，不能滿足他「尋求革命方略，應經教育着手」的期望，復因反對清公使事件，遂退學歸國。

胡先生對教育工作是很重視而且是很有興趣的：當他廿五歲返國後，便應廣西省梧州中學總教習沈雁潭之聘，到梧州講學，同時，更改梧州傳經書院爲師範講習所，由他自兼所長。其後，又曾任香山隆都學校校長。到了民國十年，他還創辦了執信中學，以紀念「革命聖人」朱執信先生；又擔任廣州市民大學特別講座，親授「社會主義倫理學」。當他任教梧州中學時，除了爲學生講民族革命之外，教些什麼課目呢？在他自傳內說，他擔任的功課，叫做「修身學」，就是我們平常所講修身、齊家、治國、平天下的修身。他爲此編了一本教材，叫做「學生修身學」。說明教學目標「主實行」、「重道德」，並啓發學生的國家民族思想。全部計分十一章，都是教學生如何修身的。主要內容，有如下述：

胡先生的「學生修身學」可以說有兩大作用：一個「正其目的」，就是提出做人的正確目標，使人努力奮鬥有着正確的方向；一個「勵其所爲」，就是引導人的行爲趨於正軌，要達到做人的目的。全部教材十一章之中，前面四章爲「品格」、「職分」、「義務」和「希望」是屬於做人的正確目標；後面七章爲「思想」、「感情」、「意志」、「習慣」、「裁制」、「公德」和「精神」是引導人從正確的行爲來達到做人的目標的。

胡先生對這十一章都分別有所說明，要點摘述如下：㈠關於品格的——學生爲國家未來的偉大國民，居社會上的重要地位，因此，品格應該甚爲淸高，不應妄自菲薄，應有「大雄無畏之心，奮發自强之氣」，對國家克盡「挽危亂」「謀富强」的重大責任。㈡關於職分的——學生對國家的一切政令，學校的所有規則，應該絕對遵守，不得有越職犯分的毛病。學生在校爲學的時日無多，自應把握時間做好份內求學的事，與應盡的職責，萬勿以「個人之私便遊於法律之外」。㈢關於義務的——學生對於學校，既有接受教育的權利，便有服從學校監督的義務，故學生應以服從校規爲第一義務，猶之國民以遵守憲法爲第一義務。㈣關於希望的——應摒除過去讀書是謀求功名利祿的陳腐觀念，而以能做到「國民先覺」自勉。務必竭盡心智，以推動社會進步，謀求社會公益，剷除社會障礙。「犧牲個人以爲國家，犧牲現在以爲將來」，爲達成爲社會國家擔當鉅任的願望，必須具備忍辱負重的精神。㈤關於思想的——學生應具有正確之思想，方能形成其高尚之理想，至於高尚其理想之方法則在於潛心靜氣於義理之中，不馳逐於流俗之世界，蓋「理想注於親愛，則殘酷之念不得而參之；注於篤實，則虛妄之念不得而參之；注於適度，則過度之念不得而參之」，故思想必須是倫理上的，是具條理的。㈥關於感情的——學生對師長應有敬愛的感情，看到同學勤敏的，宜有奮勉的感情，發現同學有過錯的，宜生警戒的感情，遇到同學有疾病痛苦的，應有憐憫的感情。相反的，不可因校規束縛自由，而感覺不愉快，因同學表現優美而生嫉妒，見到同學有過失，而存心輕視。「管理雖尙嚴，亦必於謹嚴之中，使得自然之愉快，獎勵賞罰亦本誘掖防閑之意，適中其道。」㈦關於意志的——爲學貴乎有堅强的意志，蓋「心體力行之謂志。意志者實力而非懸力也；意志者統力而非分力也；意志者自力而非他力也；意志者決力而非疑力也。」故不爲道聽途說所惑，才有成功的希望。否則意志薄弱或欠堅定，終身將無所得，尤其在處逆境或接疑難的時候，如無堅定的意志，失敗是一定的，磨練意志，當在學生始。㈧關於習慣的——習慣成自然，學生平日一舉一動，如能養成不離道德的習慣，做到宗教家所謂心與神合，哲學家所謂心與理合的境地，便能事事出於自然，故學生在校應養成潔淨、有恆、勞苦、節儉、惜時、整齊、交際及信實等良好習慣，則他日投身社會，將無往而不利。㈨關於裁制的——學生要能自立自制，不能作無限制和無秩序的自由，也就是要爲所當爲，戒所當戒，凡有害公德的事而將被人干涉的，必須在事發前能够自制，便可免却受別人的裁制，所以學生必須不違反公共秩序，不破壞善良校風，不妨礙學校安全。蓋「人不可有所抑服，而獨不能不抑服於公衆之團體」，故爲確保公衆團體之自由，學生必須自制，遵守校規。㈩關於公德的——學校的校規，國家的憲法，都是爲着公共利益來訂立的，必須大家奉行，才可以集合羣力，結成堅强的團體。公德實爲團體中的愛力、粘力。學生在學時期，雖然尙未擔負保國的工作，但不能無此心志，這就是要實踐公德，以爲將來保衞國家的基礎。各學校中所有的器具，應視爲自己的財物，加以保護而不讓其有所汚損，公園種的草地花木，不但不要踐踏，而且要加以愛護和培養，這些都是公德。同學中應互表同情，互相規勸，免爲團體之玷，是亦公德之一端。⑾關於精神的——「精神的作用，始於無形，終於無量」，主要的計有六項：一是教師授課時，應有集中注意聽講的精神。二是學問求進步，要有擧一隅則以三隅反的發揮精神。三是求學不要敷衍要有刻意勵精和日新又新的求益精神。四是自治的精神，凡自己可以處理的事，應自力爲之，以補學校管理所不及。五是運動時要有振作的精神，讓動作自然，這樣便可鍛鍊身體日趨健康，可以克苦耐勞，擔當重任。六是學生對學程的長遠及學科的繁多，要有愉快的精神去研習，始有光明成功的希望，否則心存憂煩與厭苦，所學卽使不至半途而廢，也要事倍而功半了。

最後，胡先生把這十一章總括起來，訂定了校訓五條及戒律七條，以爲全部教材之總結，其意義頗爲簡明。我現在就把它簡要的說說：

現在各級學校的校訓，一般來說都祇用幾個字或齊齊整整的幾句話構成的，但胡先生所訂的校訓，却不是祇重形式而是富有教育意義與針對時代需要的。這五條校訓是什麼呢？我現在逐條列舉如下，並簡要的加以銓釋。其實卽使不再說明，大家看到了每一條文字之後，就會明白它的意義了。

校訓第一條：「吾人當銘記，此身爲中國之國民。」這很明顯的，首先，就是要學生常常記住自己是中國的國民。大家要知道，當時滿清政府腐敗，我們的國家隨時都有被外國滅亡的可能。因此，他在校訓的第一條就是要喚醒青年不要忘記本身是中國的國民，也就是呼籲大家不要忘本，一起愛國，要上對億萬世之祖宗下對億萬世之後代，當前則完成自己作爲中國國民所應負之責任。

校訓第二條：「吾人當以誠實爲宗旨，見義勇爲」。這就是說，每一個人在修養和道德方面，一定要誠實，不要虛僞，更不可欺騙別人，因爲有些人行爲不檢，做了壞事旣不承認，也不改過，這便是對人不誠實，故此要求大家做人一定要誠實。見義勇爲可以說是應該做的事，便要勇敢的去做。而且誠實和勇敢是貫通的，「誠是革命的動力」，誠者擇善固執，也自然見義勇爲，所以說「精誠所至，金石爲開」。這在當時是暗示青年要參加革命，打倒滿清。見義勇爲就不畏難、不怕死，就會踴躍參加革命。

校訓第三條：「吾人對於他人，當存心敬愛，而互勉爲有益公共之事」。是教學生要以愛爲出發點，存心敬愛他人，這是符合我們 國父所倡導之「博愛」精神的。博愛所以行仁，所以國父常常親書「博愛行仁」四字，以勉世人。同時，本着互愛互助之心，互相勉勵，共同爲社會服務，去做對公共有益之事，這也是符合 國父「人生以服務爲目的」之遺教的。

校訓第四條：「吾人當强健其善勉善勵之精神與體魄」。這就是要青年們加强彼此間相互勉勵的精神以及養成康健的體魄，共同向善，備爲國用，亦卽是要吾人强身報國。並提醒大家必須先有强健的精神和體魄，才可以爲國家效力。

校訓第五條：「吾人當圖爲世界之最上等人，以立身行事」。就是每一個青年，應該立志以做世界上最高尙的一等人爲目標，朝此目標來立身行事向上奮發。國有國格，人有人格，提高人格，卽所以提高國格，使中華民國成爲世界上最强盛的國家，中華民族爲世界上最優秀的民族。這五條校訓，可以說對己、對人、對社會、對國家、對世界，應該負責盡職的都包括在內了。這是胡先生從事教育工作時所手訂，用來積極勉勵學生如何做人做事的，當時胡先生才廿五歲！胡先生訂了這五條校訓之後，還是怕學生有所怠忽或警覺不够，又加訂了七條戒律，從消極的方面來勸誡學生。

這七條戒律又是怎麼講的呢？

第一條：「不可無愛國心，而甘爲他人之奴隸。」這可以說是重複校訓第一條的意義，而從反面更加以說明的。換句話說，每個人都應該要有愛國心，如果國民不愛國，國家便會被滅亡，這樣便淪爲他人的奴隸，也就是說一個人沒有愛國心，這個人便是甘願受他人奴役。這一條是啓發大家的愛國心，其理至明。

第二條：「不可專懷私利，以害合羣之公德。」這是要求大家萬萬不可以個人的私人利益爲要，而至損害了公共的道德。七十五年前胡先生諄諄以這公爾忘私的話告誡大家，但到了七十五年以後的今天，這種自私自利不顧公德的人，還是隨處可見。所以，我覺得這一條非常重要，希望大家特別加以注意實踐，一切須以公德爲重，實踐 國父「天下爲公」的訓示。

第三條：「不可不檢點行爲，致傷一己與學校之名譽。」這是要求每一個人要隨時隨地檢討自己的行爲，有沒有做得不對的地方，如果有的話，則不單祇是害了自己，也同時破壞了學校的榮譽。大家想一想，七十五年前胡先生便已要求學生注意到維持學校的榮譽，現在在學的青年們，行爲上有沒有損害到你們的校譽呢？大家應該徹底自行檢討，有則改進，無則加勉。

第四條：「不可不講求衞生，致頹廢其有用之身體。」這很明顯的要大家注意講求衞生，保持身體健康。大家都知道，健康欠佳，身體就會頹廢，這樣，就幹什麼都不行的了。辦學的人對環境衞生的措施，也要特加注意，以免損傷學生的健康。

第五條：「不可不深切勤勉，致失寶貴之時間。」就是說大家一定要懂得光陰之可貴，把握時間，勤勉求學，也就是古人所謂「寸陰是惜」，萬勿把時間浪費，否則少壯不努力，老大徒傷悲了。學校對於學生課程的編排和作業活動的配合，也要力求適切，以免浪費學生的時間。

第六條：「不可不顧職分，致侵他人之權限。」每個人都有他的職位與本分，但有些人所做工作，每每不顧自己的職分而侵及了別人的權限，這就是不懂得應該站在本身崗位上去努力，做了不是自己應該做的工作，以致妨害了他人的權責。這一條是希望大家懂得守分的道理，各盡職能，各守本分。學生參加社團服務，就得遵守這些原則，以養成優良的習慣。

第七條：「不可自欺欺人，心性日見墮落。」我常常發現有些人，做錯了事情後，以爲別人不知，自欺欺人，不承認錯誤，不勇於改過，這樣一來，他的心性就一天一天的逐漸迷失而趨於墮落，卒至不可救藥，故自欺欺人，結果祇是害了自己，大家不可不儆惕！

上述這些，就是胡漢民先生在七十五年前，爲勉勵他的學生所訂的五條校訓和七條戒律，可說是他早期教育上的思想和措施。

胡先生的後期教育主張，則着重於三民主義的教育。他在民國十八年國慶紀念大會致詞中，痛心地指出我國過去教育措施的錯誤時說：「在目前的所謂教育之中，究竟有無主義？實際上究竟採納了幾分之幾的三民主義？是否已根據三民主義，作過『百年樹人』的長途計劃？繼而提出「一、教育以民族爲本位，以無限進展文化爲任務；二、今後多數人的國民教育，與少數人的人才教育，應同時並重。」並認爲：「教育先導被教育者去發揚民族精神，再謀發展其人的個性不遲。民族精神必不妨礙各人的個性發展，因爲它正需要各種好的個性去充實表現它。不過彼此先後輕重之間，不可倒置。我們要知道，個性的發展，很容易變爲私的發展，倘不經嚴格的訓練，有主義的教育，而放任失當，便會走到純私的發展上去。」這是强調民族教育是何等的重要。

隨後，胡先生在民國十九年四月廿二日，第二次全國教育會議上，曾以「今後教育上的四個要求」爲題，作了一次演講時，更提出下列的主張：

一、政教合一——胡先生認爲人是不能離開教育與政治的範圍，故政教不能離開，如果分離的話，它的影響，將使政不成政、教不成教、國不成國。所以要奉行三民主義，去創造一個三民主義新中國。政治的目標，在求民族生存、民權普遍、民生發展，而教育當然不能離開這一目標。這可以說是對學生修身學中「品格」和「希望」方面進一步的說法。

二、嚴格訓練——教育脫不了生活關係。所謂生活，一定是社會生活，而非離羣索居的生活，社會生活，無論如何，總少不了紀律。教育既負有目前或將來生活上的責任，那麼養成受教育者恪守紀律的習慣，總是它的目標之一。教育者能使受教者對於紀律願守、樂守，那纔是眞正的教育。學校的規章，等於社會的法律。要社會守法首先要培養人民的法治精神；要學生遵守紀律，也應該如此。社會的法律不能無懲戒，學校的規則中也當然不能無懲戒。所以今後的教育中，需要啓發、誘導、訓練，絕不能放任、因循和敷衍。這一點是與學生修身學中關於「職分」、「義務」、「制裁」及「公德」等章是一貫的。

三、着重教育，樂於教育——第一、政治當局和社會一般人，都要認教育爲最重要、最應努力去做的事業。政府編列教育經費預算，不應在各種經費預算之後，應該列入最先的一項。教育界要特別着重教育事業超出一切，對於一切改進計劃，要拼命努力去實現。展堂先生爲此更特別引述廣東俗語：「不敬先生，天誅地滅！誤人子弟，男盜女娼。」認爲如果政府及教育界對於教育事業不盡責努力的話，大家可以拿這些去罵他們。第二、教育界要具犧牲精神，不爲物質所限，爲民族、爲國家，以教育爲終身事業，當不難使所務者成爲大事業，這就是精神方面無上的快樂。他更引用孟子所說：「……得天下英才而教育之，三樂也。」的話，說明如本屬英才，而得以教育之，固然樂，如果不是英才，經自己教育成爲英才，更是樂中之樂。這是和學生修身學的「意志」和「精神」二章有關的。

四、大中小學可銜接，可自主——大中小學之間，固應銜接一氣，以完成教育的過程。但按之國情，事實上，小學畢業生未必多數升中學，中學畢業生未必多數升大學，如果中小學僅爲少數能升學的畢業生着想，如何去和上一級教育銜接，而忽視了多數不能升學的畢業生就其所學去做人、去生活，那是大大不妥的。所以，在中學教育完成時，應該使畢業生有生活上自立的能力，是很需要的，故改進中學計劃中，對於上一級教育的銜接，要有彈性，接也可，斷也可，至於小學也應如是。

胡先生在民國十九年時還有一點重要的教育思想，就是「教而後富」。這是針對孔子所說「富而後教」而發的。他認爲當時我國正民窮財盡，假如等着富而後教，一再的等下去，不祇富不會自至，也許中國已經沒有了，還談什麼教呢！所以要轉移「富而後教」的觀念爲「教而後富」。因爲唯有教育才能發達人的智識，提高人的能力，發揚利用厚生的文明，增加我們精神的物質的享受。像我們的農業，本着數千年的傳統，單以經驗來從事農作，智識上既沒有科學的灌輸，生產上自不會有科學的應用，這樣，試問怎能增加農產富裕生活呢？因此，祇有教他們識字，學習農業的科學智識，進而應用到生產方面去，才能使農業進步，生產發達。這單就農業方面說，拿現在臺灣農民生活富裕之事實來看，足可證明胡先生「教而後富」的理論是非常正確的。

總而言之，胡先生對教育的作法和主張是互相配合，前後一貫的，可以說都是我們應該努力的方向，到現在仍然是值得教育工作者所體會實踐的。

（民國六十八年五月）

民國元年　孫大總統與臨時政府各部總長合影。（左起第四位爲王寵惠先生）

王寵惠先生（右二）在國際法庭與全體法官合影。

民國三十二年，王寵惠先生（立於羅斯福與邱吉爾之間）隨　蔣公參加開羅會議。

民國三十四年四月王寵惠先生（左二）與魏道明（坐者）、顧維鈞（右二）諸先生出席舊金山會議簽署聯合國憲章。

王寵惠先生對民主法治的貢獻

一、歷長司法擘畫建制

王寵惠亮疇先生為享譽國際的法學家。他服務國家的勛業，由早歲參加革命開國，以及其後擔任廣東省代表，選舉 國父為大總統，迭任外交部長，多次代表政府出席國際會議，擔任海牙國際法庭法官，及抗戰時期任國防最高委員會秘書長，襄贊元首，功績均極昭著外，以在司法方面之貢獻為多且大，計自民國元年起即任司法部總長，迄南京國民政府時期，凡五任司法部長。又自民國十七年五院制建立，於是年十一月首任司法院院長至二十一年一月止。復在三十七年七月行憲之始，又首任司法院長，以至四十七年三月在任病故。可謂為生平任司法首長最久，領導我國司法事業，貢獻最大，勛績最著的一位偉人。他對於司法方面之重大政績，有如下述。

二、創建及奠定政府各階段的司法體制

亮老早年在日本歐美專研法學，夙著聲譽，參加革命後卽爲　國父所倚重。創建民國後，凡民元之開國時期，十六年之國民政府成立，十七年之五院制初建，三十七年之行憲政府建制，各階段之政府規制初建，亮老均任司法部院首長。當時一切法制規章，楷模範式，皆須草創肇建，擘劃定制，凡此，悉爲亮老啓其端緒，奠其丕基，其中比較重要的措施，有下列四事：

一、開國時期：依臨時約法所定，司法爲與立法、行政三權分立之一權，法官獨立審判，不受上級官廳之干涉（第五十一條），並有任職之保障（五十二條）及司法權在歷代君權下脫離獨立之體制，故亮老於民元出任司法總長，卽有各級審判衙門辦事章程之制定，此爲司法獨立初創時期之規劃。以後，陸續成立各省高等審判廳、檢察廳及重要都市之地方審判廳檢察廳等正式法院，并制定法院編制法，以資根據。

民國十八年，司法行政部隸屬司法院，亮老飭部首辦法官訓練所，考選司法人材，施以訓練，以備革命政府擴展司法業務。賴亮老之督策，法院組織始具規模。

二、制定刑法法典：民國十六年國民政府奠都南京，亮老受命就民國元年頒布之暫行新刑律及民國十一年之刑法第二次修正草案，加以修訂。繼於民國十七年三月公布，同年九月一日施行。刑法乃規定刑罰權之內容，爲國家之重大法典，亦賴亮老之領導乃克有成。該法採用較新之

刑事思想，如「故意」之採取意欲主義即希望主義，捨棄舊法所採之認識主義，刑事責任之採主觀主義等，皆為進步之立法，為現行刑法開其先河。

三、參與民法之草擬，提供重要意見：我國原無民法，民事爭執，各朝代皆適用當時附有刑罰之律例處斷。民國成立以來，處理民事事件，仍以前清現行律不牴觸民國法規之民事有效部份為裁判之準據。民國十八年立法院設立民法起草委員會，以傅秉常、焦易堂、史尚寬、鄭毓秀、林彬為民法起草委員會委員，並聘亮老、戴傳賢先生及法國人寶道等為顧問。亮老時任司法院院長，依中央政治會議議決之立法原則，分三次制定民法總則篇、債篇、物權篇、親屬篇、繼承篇，凡一千二百二十五條，分別於民國十八、十九、二十年公布施行。當時胡漢民先生為立法院院長，傅秉常等為起草委員，與亮老均為知交，對亮老之法學造詣，深為推崇，且亮老時任司法院長，故民法草案之制定，有關民法之重要問題，輒提供其寶貴意見，而由會採納，制為條文，施行至今，為國民生活之規範，私人權利義務履行之準則。

四、制定民刑事訴訟程序法：民刑事訴訟制度及其審級程序，在初期之各級審判衙門辦事章程，僅有大體之規定，為當時訴訟程序之所依據。民國十年，亮老任北京政府司法總長即分別制定民事、刑事訴訟條例，採用較新之大陸系法例，釐定民、刑事之訴訟制度，公布施行（按南方革命政府亦同時公布民、刑事訴訟律，適用於廣東等省，大致差異不多）。嗣國民政府於民國二十年制定民事訴訟法，民國二十四年制定刑事訴訟法，亦均以此為基礎，加以修訂。

三、研定訓政時期國民政府組織法

民國十七年全國統一後，國民政府主席先總統　蔣公以胡漢民、孫科諸先生於夏間巴黎旅次電請成立五權制度，以樹訓政楷模，乃於九月十九日邀請執政黨中央委員談話，公推亮老與胡漢民、戴季陶三人共同研究五權制度。二十三日一再研討後，擬定國民政府組織法草案，由張人傑、李煜瀛、戴季陶諸先生於廿六日提出中央執行委員會政治會議，經討論後推定　蔣公等十四人審查，十月三日將審定案報政治會議修正通過，復經中常會議決交由國民政府于十月八日公布施行。該法凡七章四十八條，爲訓政時期試行五權制度及首次之國民政府組織法。其內容除訂定五院分立之職權外，並依　國父政權治權劃分之主張，在第一條即明定「國民政府總攬中華民國之治權」，首用治權表示政府權。該法其後經過訓政時期約法之公布施行，迭有多次之修正，直至三十六年行憲以前爲中央政府組織之主要根據。

四、收回上海租界法權

上海租界司法，以前係由租界當局設立會審公廨，並由領事團委派會審人員主持，法權因而淪喪，雖經民國十五年江蘇省政府與領事團成立協定，十六年成立臨時法院，然規定由外國人任書記官長，法警由工務局調派，監所均在領事團控制，主權深受影響。民國十七年奠都南京，亮老首任司法院院長，力主收回法權，乃飭司法行政部令上海臨時法院自十九年元旦起歸司法院直轄。同時，與外人多次會商，成立上海特區地方法院，並設高等法院分院爲其上訴機關，完全適用我國法院組織法及民刑事訴訟法暨一切我國法規，爲我國之正式法院，實爲以後收回租界撤銷領事裁判權之先聲。

五、負責約法之初步草擬

民國二十年政府召開國民會議，制定訓政時期約法，亮老被推與吳敬恆先生等十一人爲起草委員，且與邵元冲、邵力子負初步起草之責。亮老爲憲法學專家，實際上乃多由其主稿，自二十年三月三十日至四月廿二日開起草會議六次，通過草案全文八章八十九條，經臨時中全會修正通過後，由國民政府主席先總統蔣公提出國民會議，經三讀通過，于六月一日公布施行。其內容除國體、政體之規定爲一般憲法所同具外，其特色爲對于人民權利之規定獨詳，占全部八十九條中之十八條，首創男女在法律上平等之規定（第六條）。並依國父建國大綱，明定人民享有選舉、罷免、創制、複決四政權（第七條），關於人民之身體自由之保障，在第八條規定尤詳，明示非依法律不得逮捕、拘禁、審問及處罰外，人民被逮捕、拘禁者，并限于二十四小時內移送審判機關，及得依法請求提審之規定，爲現行憲法第八條關于身體自由詳細保障規定之張本。此外，明定人民財產所有權之行使，在不妨害公共利益之範圍內，始受法律之保障，符合民生主義之要義，在當時實爲創見之進步立法。

六、致力於現行憲法草案之完成

民國二十二年立法院成立憲法起草委員會，依國父主張及建國大綱之意旨，制定憲法草案，于民國二十五年五月五日由國民政府公布，世稱五五憲草。由於對日抗戰，制憲國民大會延期召開。勝利後，政府爲期早日實施憲政，乃邀請各黨派及社會賢達于三十五年開政治協商會議，議定憲法草案修改原則十二條，并成立憲草審議委員會，修訂憲法草案。亮老當時受政府指定，參與審議，嗣并受命對憲法草案全文整理修正，提經立法院研討通過，然後由國民政府提出制憲國民大會三讀通過，于三十六年元旦公布，同年十二月二十五日施行，是卽現行之中華民國憲法。就憲法之完成過程中而言，亮老亦有其不可磨滅的功績。

七、主持大法官會議議決關於憲法之重要解釋

行憲後之司法院組織法規定設大法官會議，行使解釋憲法并統一解釋法律命令之職權，并以院長爲大法官會議之主席。亮老首任司法院長，對此一新制之建立及釋憲功能之發揮，貢獻至大。

1.制定及修正大法官會議規則，以完成建制：司法院成立後卽制定大法官會議規則，以爲行

使職權之準據，政府遷臺後復加修正，明定不予解答及應予解答之審查程序（第八條），關於大法官會議出席及決議所需人數之計算（第十二條），明定開會人數爲中央政府所在地全體大法官三分之二以上之出席，決議人數爲中央政府所在地全體大法官過半數之同意，及第十五條原文爲「司法院秘書長得列席會議」，刪去「得」字，使司法院秘書長須列席會議，以適應實際，强化開會功能。

2. 主持大法官會議議決重要解釋案，如：

⑴確定監察院有向立法院提出法律案之權：憲法對於得向立法院提出法律案之機構，除行政院外僅就考試院明定其有此權，而對監察院之有無此權，則無所規定。乃經大法官會議于民國四十一年五月廿一日釋字第三號解釋指出「考試院對於所掌事項，既得向立法院提出法律案，憲法對於司法、監察兩院就其所掌事項之提案，亦初無有意省略或故予排除之理由，法律案之議決，雖爲專屬立法院之職權，而其他各院關於所掌事項知之較稔，得向立法院提出法律案……基於五權分治，平等相維之體制，參以該條及七十一條之制訂經過，監察院關於所掌事項，得向立法院提出法律案，實與憲法之精神相符」，於補充憲法之疏漏，至有貢獻。

⑵議決釋字第三十一號解釋案，以維護憲政法統之存續：立、監委員在憲法規定之任期爲三年及六年，期滿卽須改選，無如國民大會代表之任期至次屆國民大會開會之日爲止之規定（第二十八條第二項），因之在大陸沉淪期間事實上無法改選，立、監兩院之職權行使，不無疑義。乃

經大法官會議在民國四十三年十一月以釋字第三十一號解釋指出：「值國家發生重大變故，事實上不能依法辦理次屆選舉時，如聽任立法、監察兩院職權之行使陷於停頓，顯與憲法樹立五院制度之本旨相違，故在第二屆委員未能依法選出集會與召集以前，自應仍由第一屆立法委員、監察委員繼續行使其職權」，於是五權中之立法、監察二權得繼續依法行使，政府法統不因而中斷，此解釋實爲在憲法上之重大貢獻。

綜亮老一生對於司法事業，在國際則擔任國際法庭法官，聲譽著於世界，在國內則歷任司法首長，皆當制度初創之時，領導司法事務，任久績鉅，樹立楷模，規劃建制，策進績效，其於司法之貢獻，至偉且大，深爲世所欽崇，茲際亮老百齡誕辰，爰述其梗概，以誌景仰。

（民國七十年一月）

亮老對五權憲法的闡揚與實施

國父的五權憲法思想，首次公開發表是民前六年（一九〇六年）十月十七日在東京擧行民報一週年紀念會中的一篇演講詞，但其孕育的過程，則在公開發表前，卽已思考有年，並反覆向革命同志講解和商討，其中最重要的便是王亮老。因爲王亮老自畢業於北洋大學法律系後，赴日本研究法政，卽謁 國父於橫濱，並在 國父領導下，組織廣東獨立協會和創立國民報，參加革命工作，尋游學歐美，得美國耶魯大學法學博士學位，考取英國律師資格，並被選爲柏林比較法學會會員。在革命同志中他的法學造詣最深， 國父的五權憲法思想便曾和他反覆研討。

民國九年十一月， 國父在上海中國國民黨會議席上，作「修改章程之說明」時，便曾說：「一九〇四年，我和王寵惠在紐約曾談到五權憲法，他很贊成，後來他到耶魯大學專攻法律，反疑惑起來，說這五權分立，各國的法律都沒有這樣辦法，恐怕不行」。民國十年七月， 國父在廣州中國國民黨特設辦事處演講「五權憲法」時，又曾以此事來說明五權憲法的不易懂。他說：「在紐約聽王亮老說要到耶魯大學專研憲法，「我就把我所主張的五權憲法說與他聽，足足和他討論了兩個星期，他便說這個五權憲法，比甚麼憲法都要好，極端贊成我的主張。……過了三年以後，他便在耶魯大學畢業，得了一個法律博士學位，學問自是很好的。他從耶魯大學畢業之後，後來又到英國、法國、德國去考察各國的政治憲法，到了辛亥革命成功的那一年，他剛回來中國，兄弟見了他，就問他說：『你從前很贊成我的五權憲法，近來研究了各國憲法，有一些什麼心得呢？』他回復我說：『五權憲法這個東西，在各國都沒有見過，恐怕是不能行的』。而王亮老在「追懷 國父述略」一文，也曾說到此事，說當時「國父雖異邦窮困，而豪氣不少挫，以余習法律學，故常提出五權憲法問題，互相研討，以為革命成功實施憲政之準備」。民國廿八年，亮老應邀去中央訓練團講授「五權憲法」時，更曾說：「 總理在日，本人對於五權憲法之問題，曾相與反覆討論，至再至三。其時， 總理尙未公開為有系統之說明，而在本人方面，當時則有『不瞭解而瞭解』與『瞭解而不瞭解』之感想。信乎，知之維艱也」。

由此可知王亮老在五權憲法未公開發表前，即曾與 國父反覆研討，對五權憲法思想的孕育，自饒貢獻。雖然，當時他有「不瞭解而瞭解」、「瞭解而不瞭解」的感想，由於他研習歐美的三權憲法，也曾對五權憲法表示懷疑。但他自是以後，「即搜羅中外典籍，注意研求」，他認為「關於五權之創制，應劃為兩大問題：一屬於基本理論之確立，一為具體方案之擬訂。前者為原則，後者為施行」（見「五權憲法之理論與實施」一文）。從此他不但對五權憲法有深切的瞭解和體認，對五權憲法的理論，也有很多精闢的闡明和發揚，對五權憲法的實施，更克盡後死者的責任，對我國五權憲政的推進，貢獻卓越，功垂史册。

關於王亮老對五權憲法理論的闡揚，在他的論著中，最重要的是上面所說民國廿八年在中央訓練團講述「五權憲法」和民國四五年所撰「五權憲法之理論與實施」兩文。他一面對 國父五權憲法理論，作明確而精闢的闡述，一面體會 國父思想，作適當而切要的發揚。重要的有下列五點：

一、亮老認為研究五權憲法理論，必須從 國父革命思想的整個體系中去體會，尤其要瞭解五權憲法與三民主義的關係。他說：「研究五權憲法，不可離開三民主義」，「三民主義與五權憲法率皆形影相隨，互相連繫」，又說：「三民主義與五權憲法實互相關連，互相為用。無五權憲法，則三民主義失其軀殼，無三民主義，則五權憲法失其靈魂。」實為一語中的之論。

二、亮老認為研究五權憲法，要從認識 國父的政治基本理論著手，而 國父的政治理想，則在發展全民政治。他說：「 國父倡導之五權憲法，不僅在於改革政府之形式，而尤在發揚民治之精神」。而全民政治，以「 國父之用語釋之，即使全國之人民，皆掌握皇帝之實權之謂也。然全國人民絕大多數，均為不知不覺，安能自司治理，於是不能不以政府之事，委之於少數先知先覺，人民本身祇保留指揮操縱之權」，因此 國父創立之權能區分學說，實為五權憲法的基本原理。亮老很明確的指出：「國父既欲使人民有權，政府有能，於是將國家政治大權，析爲九種：一選舉、二罷免、三創制、四複決、五立法、六行政、七司法、八考試、九監察，前四者屬於權的範疇，稱之爲政權；後五者屬於能的範疇，稱之爲治權。政府運用立法、行政、司法、考試、監察五種治權，足以充分發揮其威力，處理國務；人民運用選舉、罷免、創制、複決四種政權，足以指揮監督政府，顯示皇帝之權威。是卽基本理論之所在，研究五權憲法所不可忽視者也」。

三、亮老對五權分立的理論，也有極透徹的闡述。他說：「總理對於我國過去的政制，第一步廓清君權，使行政、立法、司法三權爲平等之對立，並使立法權爲一治權而超然於國民大會行使政權之外。第二步採取考試及彈劾兩權，以補救各國三權之缺點」。他特別注重考試、彈劾兩權的獨立，認爲各國考試權附屬於行政權，「其結果有二：因掌握行政權之人，卽爲主持考試者，故低級官吏雖經考試，而高級官吏則不須考試，一也。因考試權之不獨立，行政機關遂得自行考選所用之人，有時遂不免流於偏私之弊，二也」。而「五權憲法內之考試權之適用範圍，非常廣大，對於中央及地方之候選及任命官員，無不適用」，尤其要「以考試資格，爲取得候選資格之標準，則當選者均爲具有才德技能之專門人才，所有金錢選舉、勢力選舉、分贓選舉諸病端，均可減免矣」。外國以彈劾權附屬於立法權，他認爲也會造成四種結果：「議會權力過大，不免濫用職權，釀成議會專制，一也。因議會專制之故，政府措施，不能自由，軟弱之政府爲避免開罪於議會，常陷於消極狀態，或竟成爲議會之工具，二也。如爲強硬之政府，又不免濫用其解散權，使政治糾紛趨於激烈，三也。卽以彈劾權之行使論，基於政黨政治之結果，議員之屬於政府黨者，常不免容忍放任，其屬於反對黨者，又不免吹毛求疵，難期公平，四也」。因此，監察權也必須獨立，始足以補議會政治之弊。

四、亮老對五權憲法的另一大貢獻，是對五權間相互關係的研究。他指出「五權間相互之關係，較之三權相互間之關係，更爲複雜」，他曾列表說明「在三權憲法下，各權相互之關係，祇有三種，而在五權憲法下，各權相互間關係，則增至十種」，所多出來的七種新關係，「其主要作用在於濟外國三權制度下選舉及代議制度之窮，樹立全民政治之基礎。而「五權制所獨有之七種關係，在將來制定憲法時，應加以注意，以期界限分明，脈絡貫通」，以達到 國父所說「分立之中，仍相聯屬，不致孤立」的理想。他很明確的指出：「三權憲法下，因三權間關係之不同，而有總統制、內閣制、委員制之區別。五權憲法之設計，當不能因襲上述政制，而當另行創立一種新型之政治制度，以求適應，可斷言也」。

關於王亮老對五權憲法實施的貢獻，亮老雖在辛亥革命後卽被推爲廣東省代表，與各省代表集會南京，選 國父爲臨時大總統，並奉派爲臨時政府外交總長，其後歷任司法總長、外交總長、內閣總理等職，但在民國初年，以內亂相尋，憲政無法推進。他記述當時 國父推行五權的努力說：「民國元年，參議會集會於南京， 國父曾提臨時政府組織法草案，主張於立法、行政、司法之外，設典試、察吏兩院，實行五權分立。當時國民黨議員在參議院所佔名額，尚居少數，故未獲接受。民國十二年，　國父倡議護法，設大元帥府於廣州，隨即設置懲吏院，以爲實行五權之初步。」但惜無成效。

直到民國十七年，國民革命軍完成北伐，統一全國。當時，亮老和胡展堂、孫哲生、伍梯雲諸先生都在巴黎，我也正在巴黎讀書，曾謁見展堂先生於旅舍，但亮老則至翌年我回國參加中國國民黨三全代會時，才有機會晉謁。亮老和胡先生等認爲全國既告統一，最重要的是依照　國父遺教，實行訓政，建立五權政制，便聯名致電中央，提出訓政大綱提案，建議實行訓政，由中國國民黨代表全國人民行使政權，負政治的褓姆責任，國民政府則分設五院，行使五權，以建立五權政制。這一提案爲中央所接受，並邀胡先生等回國。關於國民政府組織法的擬訂，推由亮老與胡展堂、戴季陶三先生草擬，提經中央政治會議議決公布施行，是爲我國建立五權政制之始，亮老也被任命爲首任司法院院長，對創建五權政制之宏規，厥功至偉。

民國二十年，國民政府召開國民會議，制定訓政時期約法，事前研擬草案，亮老被推爲十二位起草委員之一，並與邵元冲，邵力子二人共同負責起草初稿，而由於亮老精通法學，事實上卽由他起草，經一再研議後，提經國民會議通過頒行，作爲訓政時期的國家根本大法。訓政時期約法的性質雖與憲法有別，內容亦較簡略，但除明定五權政制外，也確定了人民有選舉、罷免、創制、複決四項政權，確立了權能區分的政治制度。此外，如明定男女平等的原則，詳定人身自由的保障等，都充分顯示了民主法治的精神。這一約法實爲實施五權憲法的先河。而王亮老於訓政時期約法制定後，即以國際法庭法官身份，赴海牙參加國際法庭審案。我當時也在國際聯盟秘書廳服務，曾屢承教益，並曾赴海牙訪候，承他親自引領前往國際法庭參觀，詳爲解說，他那平實冲和的學者風度和悃愊肫摯的長者風範，使我感動至深，迄仍恍在眼前。

王亮老在國際法庭任職五年，民國二十五年始返國。故民國二十二年立法院成立憲法草案起草委員會草擬憲法草案，以至民國二十五年公布「五五憲草」，亮老都沒有參加。但抗戰時期中央訓練團的五權憲法課程，便是請他擔任，我當時也已回國服務，在中央訓練團任教育委員會主任秘書，負責接待，並陪同聽講。亮老的講述便留給我深刻的印象，也給我很多啓示。抗戰勝利後，政府卽積極籌劃實施憲政，爲謀和平建國，鞏固統一，使憲政順遂實施，乃於卅五年一月召開政治協商會議於重慶，關於憲法草案之修正，商定修改原則十二項，並組織憲草審議委員會，由協商會議五方面各推五人，另公推會外專家十人組成，負責審議憲草修正案。王亮老卽被推派爲政府代表之一，參與審議。審議工作大體完成後，以共匪多方阻撓，拒絕參加國民大會，幾經波折，國民大會召開期近，政府乃指定亮老和吳經熊、雷震就協議之修正草案，爲文字之整理校正，提經憲草審議會商議修正後，復經國民政府發交立法院通過後，乃由國民政府向制憲國民大會正式提出。這一憲法草案修正案的完成，亮老出力至多，而由於當時的政治環境，折中協調也備極辛勞。他在政治協商會議所議定不盡理想的原則下，盡力維護　國父五權憲法的苦心孤詣，尤至堪敬佩。

制憲國民大會於民國卅五年十一月十五日召開，亮老和我都是代表之一，亮老是第三審查會的召集人，我是第六審查會的召集人，也都被推參加綜合審查會，但由於亮老參與憲法草案的起草工作，當時國民大會對憲法草案意見至多，亮老在會中協調解說，至爲辛勞。尤其第三審查委員會審議總統、行政、立法三章，是五權政制的中心，也爭議最多，亮老從中疏導勸說，尤爲費力。經過四十五日的討論，中華民國憲法終於通過。回想當時會中亮老的辛勞和他的超卓的見解與過人的智慧，使人深爲景佩。

對中華民國憲法的制訂，亮老雖曾盡最大努力，但對這一部憲法，他並不完全滿意，認爲未能與 國父遺敎之基本理論，完全相符。但他認爲有左列特點，足供闡述：

一、關於中央政制，國民大會至少在名義上仍是行使政權之機關。總統之下，設置行政、立法、司法、考試、監察等五院，此與五權分立之理論，至少在形式上已具規模。

二、人民無分男女、宗敎、種族、階級、黨派，在法律上一律平等，此與民族主義，若合符節。

三、人民之權利自由，均予以憲法上之保障，爲加強保障之效果，特採取提審及損害賠償制度。各種選舉，採普通直接平等無記名投票方法爲原則，且保障婦女之當選名額，原選舉團體對被選舉人有罷免權。按之民權主義，尚無違背。

四、憲法所採之經濟政策，一方面平均地權，節制資本，一方面保障人民之財產權與工作權，完全本之於民生主義之主張。

五、行政與立法之關係，採總統制與內閣制之折衷制度，行政、立法關係，雖未如總統制之分離獨立，然立法對行政無不信任投票權，行政對立法無解散權，與內閣制之特質亦無懸殊。此為中國獨創之嶄新制度。

六、關於地方制度，中央之下有省縣兩級，省縣均實行自治，有民選之省縣首長及省縣議會，分別行使省縣之行政權與立法權。中央與地方權限之分配，完全依據 國父之均權主義，按事務之性質，列舉中央省縣之權限。

七、基本國策設立專章，內分國防、外交、國民經濟、社會安全、教育文化、邊疆地區六節，其主旨完全與三民主義所提示者相符。其完美之程度，雖世所稱道之威瑪憲法，亦望塵莫及。

因此，亮老認為：「國父五權憲法之遺教，雖不能謂已因中華民國憲法之施行而完全實現，然已立於康莊大道向前邁進矣。憲法中雖不免有若干條文，與遺教之基本理論，不甚相符，此乃黨派協商，互相退讓之結果。故就一黨一派之立場觀察，對此固難認為完全滿意，然正因各方有所不滿，故能為各方所接受。……此後如能各本和衷共濟之精神，遵循憲政之軌道，相信必能超越障礙，順利進行。」他對中華民國憲法的評價，非常客觀公正，也至足供憲法學者的參考。

王亮老對五權憲政的實施，還有一大貢獻，便是「動員戡亂時期臨時條款」的制定。民國卅七年三月廿九日，第一屆國民大會召開於南京，當時正值行憲伊始，共匪便已全面叛亂，政府必須動員戡亂，而又不能因戡亂而延緩憲政的實施，乃決定一面戡亂，一面行憲，但由於共匪叛亂，國家遭遇非常事變，使憲政的實施遭遇許多事實上的困難，憲法有些規定也不能適應事實需要而窒礙難行。所以，國民大會許多代表便主張修改憲法，授與政府以應變之權力，以適應動員戡亂的需要。但也有人認爲憲法甫經頒行，不宜卽予修正，意見至爲紛歧。執政黨特指定同志，審愼研議，我當時任中央黨部副秘書長，也參與會商。起初大家意見很不一致，後來大家都贊成亮老參酌各國戰時憲政體制提出的建議，不修改憲法而依修憲程序，制定動員戡亂時期臨時條款，對憲法作臨時性的修正，授與政府緊急應變的權力，以應動員戡亂之需要。臨時條款爲憲法之特別條款，自與憲法有同等效力，但有其時間性，一俟動員戡亂時期終止，卽告失效，憲法本文仍續有效，無傷於其完整。在討論過程中，大家對臨時條款的性質和效力，曾提出不少疑問，經亮老詳爲解說，終獲同意，便商由莫德惠、胡適等代表七百餘人聯名向大會提出提案，經大會三讀通過，制定了臨時條款四項。其後，政府遷臺，卅餘年來，迭次國民大會對臨時條款曾數度修訂，以適應事實需要，遂無須修改憲法，使憲法迄仍得存其完整性，符合國人將此一完整之憲法帶回大陸的願望。這一點，亮老實有其不可磨滅的貢獻。

王亮老碩學豐功，舉世同欽，在法學方面的成就，固譽滿中外，對我國家的憲政、外交、司法各方面，都有其不朽的勳業。今年是他百年誕辰，我謹略述他對五權憲法的理論與實施的貢獻，以追懷這一位憲法學的碩儒和憲政史的功臣，表示個人無限的景仰和追思。

（民國六十九年九月）

本書作者於五十二年一月十一日在十八屆司法節監所作業成品展覽會場與張資政知本晤談。

民國五十六年第二十二屆司法節慶祝大會左起依次為
嚴家淦院長、謝冠生院長、張知本資政諸先生。

我所認識的張懷九先生

民前十年，懷九先生已經留學日本，在東京法政大學從事研究工作，我才在廣東出生，對先生的生平，知得不多。民六護法之役，先生到過廣州，我當時已肄業於廣東高等師範附屬初級師範，對先生大名已略有所聞。到了民國二十二年，我從日內瓦國際聯盟休假回國，當時先生任立法院憲法草案起草委員會副委員長，襄助孫委員長哲生先生起草中華民國憲法，曾在報上發表意見，主張假蘇州天平山起草「天平憲法」，以成立一個「普天平等」的憲法，他不贊成把帝王祭祀之所——天壇，冠於憲法之上。我對這種充分表現着民主思想的主張，深感欽佩，因此，才對懷九先生開始有所請教。

民國三十五年制憲國民大會開會期間，我們同爲出席代表，先生爲該會第一組召集人，我則爲第六組召集人之一，因爲大家都關心憲法的有關問題，曾數度聆聽懷老的高論，對他恪遵國父遺教，維護黨的決策，衷心敬服。

民國三十八年，先總統宣告引退，何敬之先生奉命出任行政院長，先生應召出任司法行政部部長，政府南遷廣州，該部隨同前往，我當時擔任中央黨部秘書長，由於業務上的關係，自然與先生常有接洽。

民國三十九年，先生辭去司法行政部部長的職務。翌年——民國四十年，先生與任卓宣、黃天鵬、郭驥、張文伯諸先生發起組織「中國憲法學會」，我也在發起人之列，常常集會研商會務，先生幾乎每會必到，非常熱心認眞，每多指示，聆教良多。

民國四十九年九月，我奉命接掌司法行政部兼法官訓練所所長，對司法前輩——懷九先生，不時趨候請教。凡有關司法行政的重要集會如司法節、法官訓練所學員畢業典禮、監所作業成品展覽會等，都請先生親臨指導，先生也常常不吝賜教，還樂意應聘至司法官訓練所，親授憲法課程。

民國六十三年四月，懷老以年屆九五高齡，堅辭「中國憲法學會」理事長職務，由該會常務理事會推我接替，並推先生爲名譽理事長，我在開展會務中，深得懷老的協助與勗勉。

先生乃黨國元勳，他生平的豐功偉績，載在史册，人所共知，用不着詳說，我祇就所知略爲申述：

首先，談談先生如何致力於司法行政。三十八年何敬之先生組閣，先生再三被邀請就任司法行政部部長之職。他在決定前曾作三點考慮：

一、政府不宜虛懸，處此危局，行政院的組織延遲一天，無異給中共多一天的利益。不如先行入閣，俟內閣正式成立後，再行辭職。

二、主張將司法行政部改隸司法院，希望在任內努力促成。

三、準備在閣議中再行提議，固守南京，不做遷都準備的主張。

經再三考慮，才決定四月一日在京宣誓就任。

首次政務會議中，先生卽重提司法行政部改隸司法院一案，何院長以時局緊張，遂將此案暫予擱置。後來何院長獲准辭職，閻錫山先生繼任院長，先生原不願繼續參加，但由於閻院長之力邀，不克擺脫。新閣組成後，該部卽隨政府遷廣州，先生決定到各地視察，先到臺灣，再往粵、桂、黔、滇各地，俟瞭解實際情況再提施政計劃。

在臺灣視察了臺北、高雄、臺南、嘉義、臺中、宜蘭等地。視察全程結束後，先生提示了十二項有關司法行政的重要改革：1.整飭司法風紀。2.遵守法定時間。3.顧全被告人格。4.重視科學偵察。5.發揮公訴效能。6.及時偵查追訴。7.調處輕微案件。8.嚴禁濫施羈押。9.改進作業敎化，注重囚犯健康。10.提高服務精神。11.普及法律知識。12.興辦福利事業，改善員工生活。這個三十年前由懷老親訂的司法行政改革重點，在我接長司法行政部的時候，仍然認爲切實可行，卽就目前來說，也不失爲當前急務，可見懷老眼光之遠大，而對司法行政改革之緩慢，我以曾負此責的關係，也深自愧咎。

懷老在職期間不及一年，即以局勢日趨嚴重，不能不離臺赴渝，不及回廣州執行他的施政計劃，但在臺東、屏東、澎湖三地，仍能分別增設了地方法院。原擬在花蓮成立的高分院雖不及進行，可是這一政策是絕對正確的。

事實上，辛亥武昌起義，革命黨人推黎元洪為都督，成立軍政府的時候，先生已被推為司法部長。雖為時甚短，但確著特績。先生就職之日，親書「維持秩序、整肅綱紀」於轅門左右，又書：「不侮鰥寡、不畏強禦；如臨深淵，如履薄冰」一聯於大堂。充分表現了司法改革者「崇法愛民」的風範和作法。懷老首創公開考試制度，招考司法人員，以建立完整獨立之司法體制。數月之間計錄取第一次沈毓燧等十八人，第二次李濟時等二十一人，第三次王詠等五十餘人，第四次張炳炎等一百八十餘人，正當戎馬倉惶，經費支絀，仍能有此成就，尤值稱道。就職後的第一、第二兩號佈告，都義正詞嚴，理直氣壯，立論確切，辦法妥善，至足顯示先生的法治思想和重視法官人選的旨意，現在把這些革命史的法治文獻錄在下面：

中華民國司法部第一號佈告

（辛亥九月十五日）

「爲佈告事，竊自明季失綱，漢族淩夷，滿清乘勢，僭主中夏，凡百措施，輒形抑勒。其尤使我大漢同胞數百年含悲忍痛，莫敢誰何者，莫如無法律之保護，而肆專制之淫威。是以滿廷之罪，擢髮難數，舉其大者，厥有數端：夫制定刑名，代有損益，因時制宜，理固應爾，滿廷則覺羅僞室，宗人府異其法規，何云律令？駐防賤隸，地方官仰其鼻息，遑論是非？格殺勿論，習見僞諭；就地正法，定爲常經；反逆重於謀叛，結社誣爲會匪；漢人一命，二十緡幾於不值；滿官極惡，三千兩卽可贖辜；顯定不平等之制度，冒稱一統之典章，罪一。況復罪溢於情，讞不求信，賢良勳舊，因疑獄而處極刑；宦豎奄閹，得重賄而釋巨慝。文字之獄興，江浙師儒，幾無噍類；黨錮之禍起，中原豪傑，盡被株連。八議雖沿舊制，而援用者唯有親貴，一死固屬典刑，而勾決者屢見梟磔。發防爲奴，子孫遭世受之苦，監禁自斃，州縣多無名之刑。秋審朝審，徒繁鉤稽；解省解京，不惜拖累，倒置王章，滅絕人道，罪二。官吏習知，專尚嚴刻，以鍛鍊周內爲能事，以哀矜憫恤爲不祥，堂皇下血肉橫飛，何求不得！囹圄中腥風直撲，速死爲甘。而且胥吏爲奸。敲詐肆毒，名字甫入公門，中人之產已破，財貨未盈私壑，非刑之拷卽來，奸滑得計，良善含寃，罪三。立法既不明不備，用法復任重任輕，外人乃藉爲口實，領事亦施其裁判。華洋共處，法律之支配獨殊，人我異刑，國家之畏懷安在？喪失法權，汚衊國體，罪四。然之四者，顯而易見，人所共知，至其用心最毒，操術愈工，日入我同胞於刀鋸鼎鑊之中，使我同胞至死不悟，轉相旦暮禱祝，冀倖其早日成立，則假預備立憲之徽號，冒司法獨立之美名，所設之御用審判機關是也。以省會商埠提前，以府廳州縣置後，固因經費支絀，徐圖次第舉行，然頤和園之修葺，水晶宮之建築，以及嬖倖取攜，優伶賄與，歲數千萬，弗少吝惜，而獨於籌辦審判，計較錙銖，是視我人民之生命財產，遠不及若輩宴樂優游之重且大也。不寧惟是，其修訂法律也，民律僅一標題，刑律已三易稿，民刑上顯判低昂，公私法竟分軒輊，開宗明義，妄誇僞室之尊嚴，因事類編，始及社會之公敵，藉以擁護攘竊之威權，故將加危害者死，藉以壓制反抗之言論；故不服取締者刑，是何居心，一至於此。他若考用法官，應如何鄭重將事，爾乃集群盲聾聾於一室，仍予取予求之舊規。賄賂通則攫取高標，不問法定之資格，關說合則攝絔法篆，但須相當之官階，視法學爲膚談，等審判於兒戲。且時以行政長官，干涉司法事務，職權一遭其蹂躪，判斷悉失其公平。法官非人，法庭虛設。總之僞託憲政，實行專制，利於彼滿廷者，則保有而擴張之，利於我漢族者，則深閉而固拒之，猶欲求我人民之生命財產，永久立於確實之地位，絲毫不被非法之剝奪，豈可得耶？本部奉民國政府之訓令，痛全體人民之疾苦，值茲戎馬倉皇，流離道路，滿廷之審判機關，已成廢院，民國之完全組織，尙待他時，瘡痍未愈，忍令其呼籲無門，大局奠安，當示以蕩平之路。謹率員司先行設立臨時上訴審判所及臨時江夏審判所，受理民刑案件，爲我人民生命財產，排除急迫危害，保障固有權利，以爲現時之救濟方法。其餘府廳州縣，亦應逐次籌辦，庶不戾同胞起義之熱忱，兼以副政府弔民之盛恉。除各所地址及訴訟規則，開庭日期，由各該所自行公示外，合亟佈告，仰各知悉。」

中華民國司法部第二號佈告

（辛亥十二月初一日）

「照得本部成立以來，對於司法行政，規畫力求完善，而用人一端，尤嚴加愼重，一秉至公。當九月建設上訴臨時審判所暨江夏臨時審判所之時，曾經召集各項法律人員，到部面試詳加抉擇在案。邇者政治日益進展，大局漸趨底定，各屬審判機關，卽應次第設置，期於早日完全成立，以爲人民生命財產保障。惟查審判之得失，繫於法官之賢否，吾國古者理官，獨以士稱。周禮士師、鄉士、遂士，必明義禮，通經術者，乃得爲之。自是以降，嚴法官考試之制，定律科取士之條，代有所聞，前明尤爲周詳，條例定爲講章，律文列之制科。今則東西各國，試驗判檢各官，厘定專章，纖悉畢備。蓋人民生命財產所託，若不愼重將事，則眞才無由得，而反貽社會無窮之累也。惟玆事體大，考試章程，至爲繁賾，應由將來正式中央政府考試院提案參議院決議，頒佈施行。玆本部迫於各屬所之急於成立，暫從權擬訂考試條例，會商編制部，詳請民國軍政府批准，自推事以下至承發員，一律分別考試，量才任用，屆試之日，並請民國軍政府派委試師，親臨命題以昭鄭重。玆定於十二月初三日起至初六日止，凡備有左列條例中各項資格者，取具各部處辦事人保結，前赴本部報名，聽候示期考試。其在九月考試，所取備用人員，亦應分別資格，報名同考，俾昭畫一。惟曾經本部考試一次，不須各部處人員保結，逕赴報名可也。」

我們細閱以上兩號佈告，固深知滿清黷視法紀的罪惡，也可以瞭然於懷老如何整肅綱紀，保障人權，推行民主法治的作法，更洞悉他率先首創考試用人的制度，不獨決心實行　國父創立的五權憲法，重視考試權的遺敎，而且確認「考試」爲考試院的權責，他所推行的「考試條例」祇是在正式中央政府未成立前從權推行而已，將來仍應由考試院辦理，依法頒佈施行。這種守法精神，處事態度，眞眞值得我們崇敬。

其次，談談先生發起創立「中國憲法學會」的經過和他的遺敎。先生於三十九年三月辭卸司法行政部部長職務，受聘爲總統府國策顧問，公務稍爲減輕。民國四十年三月他約黃天鵬、任卓宣、郭驥、張文伯及本人等集議，恢復制憲時期的「五權憲法學會」，或行憲國民大會時的「憲法研究會」。後因在大陸原有社團登記日期已過，照規定祇能另行依法發起組織「中國憲法學會」，本學術的立場，以宏揚　國父創立中華民國的遺敎。四十年五月二十日在中山堂堡壘廳舉行成立大會，公推先生爲主席，理事會組成後，先生歷任常務理事並被選爲理事長，主持會務。他曾强調：「憲法是一種精神武器，我們以民主反抗極權，以自由反抗奴役，以法治反抗非法，發揚憲法的精神，以集體研究的成果貢獻於國家社會，以學術促成政治的進步。」這一段遺敎也成了本會工作的總指標。

學會成立後，最初三年期間，在懷老領導下，會務已獲得四項成就：1.擬定三種綱領，廣泛研究現行憲法。2.分組研討現行憲法，草擬修憲意見。3.倡行憲法教育，推展憲政運動。4.研究憲政得失，促進政治進步。成立十週年紀念時（五十年五月廿日），陳副總統辭公特致賀辭，以先總統 蔣公訓詞相勗勉，他說：「我們維護憲法的有力行動，實莫過於光復大陸，我們光復大陸的武器，亦莫過於尊重憲法。」廿週年紀念，先總統 蔣公特頒訓詞，昭示我們：「憲政的施行是國父遺敎的實踐，國民革命歷史任務的執行，將憲法各項規定訂爲實際的政策，是邁向三民主義新中國的目標。」

中國憲法學會所以能榮獲政府的獎勉，社會各界人士的贊助，都得力於懷九先生的精誠而正確的領導。

懷九先生對中國憲法學會會務的推進，非常熱心而積極；他對學會的發展更抱着遠大的願望。認爲：「我們要達到學會的使命，提高我國學術的地位，必須融會古今中外的法理，重建完美的中國法系。在政治上使立國的根本得以鞏固，在學術上使中國法系得宏揚於世界。」因此，在憲法學會成立八週年紀念的集會中，他再重說：「兄弟視本會爲一所學校，自己願做一個老學生。」他繼續很誠懇地告訴我們：「八年以來，無論研究會、座談會、講演會，從未曠課。」說到這裏，他還補充說：「除了喪偶、臥病請假兩次外，明知衰邁之年，難望長進，但是每一念及先哲『一息尚存，此志不容稍懈』的道理，輒鼓勵好學的勇氣，不知老之將至！」這種學到老做到老的精神，擇善固執的心志，謙和親切的態度，正是他老人家領導的中國憲法學會，所以獲致成功的因素，值得我們效法。

最後，談談先生在制憲過程中，如何實踐國父遺教。茲舉二例，略爲說明：民國卅五年，先生當選爲制憲國民大會代表並兼任國民政府法制審查委員會委員。是年一月十日，政府在重慶召開政治協商會議，議訂憲法草案修正原則。在制憲國大召開前，先生曾發表論文，提出有關憲法的各項問題。在立法院秘書長梁寒操邀宴有關人士交換意見的時候，民青兩黨人士曾表示：民主各國必須有議會，而孫中山先生的言論中，有反對設置議會的說法，似乎不合民主的常軌。胡適之先生也贊成這種說法。會議結論認爲：「如果孫先生依然健在，他必定不會反對設置議會，因爲他對中外書籍，無所不讀。」此語一出，國民黨人士頗感不滿，認爲一若反對上述修正原則者，均爲不讀中外書籍之人。先生不得已發言：「民主國家必須有議會，自屬天經地義，孫先生又何曾反對？各位如果必謂孫先生反對議會，則孫先生所反對者實爲西方式之代議制耳。孫先生所主張之五權分立，立法院、監察院與國民大會豈不是相當於議會？而且立、監兩院照規定每年經常開會。至於西方式之代議制，則確爲孫先生所不贊成，蓋孫先生鑒於十八世紀以來歐洲之議會專制，而有直接民權之主張。西方人說選舉議員時，人民有自由，選舉以後，便不再有自由，即諷喻代議制之缺失。中國幅員廣大，不易行直接民權，故孫先生着重縣自治，以縣爲行使直接民權之範圍，中央政權則由國民大會行使。國民大會與縣自治內外呼應乃可免議會專制之弊病。

誠如反對總統制者，並非反對總統。孫先生反對西方式的『議會制』，亦非反對議會。」解說完畢，大家遂不復提出不同的意見。

關於國體問題，先生主張憲法第一條應定爲「中華民國爲三民主義共和國」，因三民主義乃立國之道，並不是國民黨所專有，與其他主義不同，正可代表我獨立的立國精神。可是在一次交換意見的集會中，張君勱先生特地對先生說：「你們的憲法是給國民黨一黨用的，其他人士你們都不要了。譬如第一條就是說三民主義共和國，要人人接受你們的主義。」當時在座的還有胡適之、張東蓀諸先生，多附和其說，先生乃慢慢地對他們說：「我想請教各位一個問題：如果說要爭取國際地位之平等、政治地位之平等、與經濟地位之平等，各位是否反對？」他們都表示並不反對。先生乃進一步說：「民族主義者卽所以爭取國際地位之平等也，民權主義者，爭取政治地位之平等也，民生主義者，爭取經濟地位之平等也。各位既不反對前述三原則，卽不應反對三民主義。」先生並告訴他們：「我常反省是否常抱國民黨人之成見、偏見？因此，我也常自設想：自己如果不是國民黨黨員，站在黨外，對於這些問題作何看法。我認爲一國必有立國之道，三民主義正是我國立國之道，不爲任何一黨所私有。五五憲草第一條中華民國爲三民主義共和國之主張，確爲我所擬定者。蓋當時共產主義、法西斯主義、帝國主義等均在盛行，所以深覺有訂明三民主義之必要。如果我不是國民黨黨員，余將責備國民黨人未能實行主義，而不是懷疑主義之本身。」先生更補充說：「憲草並無排斥各黨各派之含意。」先生這些話，出自至誠，君勱先生也無反駁，僅說：「恐怕國民黨諸位先生都不是張先生的一樣意思罷。」「見「張知本先生年譜」」

單就上述幾段話來看，可見懷老隨時隨地都利用機會闡揚　國父的遺教，執行黨的決策。像他這樣直言、敢言而合情合理的人，眞不多見！其實，懷老這種篤信主義的情況不祇見諸言論，而且不斷地在力行。除了他在武昌起義任軍政府司法部長時，實踐國父遺教，首倡考試用人一事以外，例如：民國十七年，他任湖北省政府主席時，訂定三年施政計劃，第一年側重清鄉工作；第二年舉辦訓政工作：調查戶口、修理道路、辦理警衞、普及教育、訓練人民行使四權；第三年舉辦地方選擧、實行縣自治。便完全是實踐　國父推行地方自治的遺教。現在看來，這些措施不算有什麼獨特之處，但在五十年前懷老卽具此決志，眞不愧爲「主義是從」的黨國先進了。

懷九先生爲什麼對革命事業中的法政工作，能够專心致志，畢生全力以赴呢？我們從他自己的述說中，可以看出一二：先生二十一歲的時候，以官費留學日本，在東京先入宏文書院專習日文，隨後自行轉入法政大學。張文襄公（之洞）的本意，令他研究師範，及聞他擅自改變計劃，極表不滿，但先生並不因此而改變初衷，可見他早已決心從事法政工作，畢生爲法治及民主而奮鬬。其實，他五歲時，住處附近發生了一宗命案，被害人告到縣裏去，范知縣親自下鄉勘驗，因與先生封翁佐庭老先生，頗有交情，乘便到張府拜訪。這時先生正站在臥室內，先生的太夫人一面給他換衣服，一面叮嚀他見了知縣要小心應對，說着把他二姐爲他縫製的褡褳佩在他的胸前，褡褳上除了繡花，還刺了一句詩：「一片冰心在玉壺」。知縣見了他便抱他坐在膝上，問他褡褳上的字是否都認識。他答道：「都認識」。范知縣又問：「是老師教你的，還是書上讀到的？」他說：「有些字是從書上讀來的」。范知縣立卽指着「片」字問他那裏讀來？他毫不猶豫的答道：「片言可以折獄」。范知縣見他祇有五歲的年紀，竟然如此聰明，大爲驚異。因此，人家稱讚他是神童。我却認爲懷九先生的小小心靈，這時已蘊藏着無比的熱情，指向着他走上法政的大道，畢生致力於法政事業，爲民主法治而奮鬬了！

（民國六十九年三月）

民國五十四年十二月二十日本書作者與李石曾先生合影

民國廿二年十月十五日，世界文化合作中國協會在世界社大樓集會，中座者爲蔡元培先生，其左爲吳敬恆先生、韋爾登（法駐華公使列席）、李石曾先生，其右爲張人傑先生、陳和銑先生、莊文亞先生。

僑園

貨惡其棄于地也不必藏於己力惡其不出于身也不必為己

李石曾先生贈給本書作者的墨蹟。

一代高人李石老

百齡紀念、緬懷清風

今年五月二十九日，是黨國元老李煜瀛石曾先生的百齡誕辰。石老生前對中國革命事業、國民外交以及文化教育社會經濟各方面的貢獻，早已具有崇高的地位，不但全國知名，而且名揚國際。他做過的事情更是多采多姿，實在不容易一下子說得詳盡。他七十二歲時自言：「廿二歲出遊四海，半世紀曾歷五洲。」其後他更活到九十三歲，仍然孜孜不倦，不知老之將至，眞正做到了鞠躬盡瘁的地步。記得民國六十三年紀念石老逝世周年時，我曾寫過一篇追懷這位清高澹泊革命老人的短文，約略把他的世界思想、互助精神和文教活動等事，就我親炙他而認識得到的，簡單地敍述出來。上月承「近代中國」雜誌社邀我參加口述石老歷史的座談，我也曾作了一些補充的敍述和意見。那都不過是石老整部歷史的一鱗半爪罷了，實未能够充分表彰石老生平嘉言懿行的若干分之一。

石老生前不喜歡寫「自傳」之類的文章，他祇零零碎碎的寫過一些「瑣談」，後來編成了一本「石僧筆記」。雖名爲瑣談，但我們也可以從裡頭探索得不少珍貴的史料。現在我在本文內，不想再把石老的事蹟重複鋪敍，只是要把這位特立獨行，爲人所不能爲的非常人物，提出一些我認爲比較特殊的地方來談談。

貴介公子、矢志革命

石老於淸光緒七年辛巳（民國前三十一年卽西元一八八一）出生於當時極爲煊赫的世宦大家，原是一個養尊處優的貴介公子。他的曾祖石梁公就已做淸朝的大官，到他父親鴻藻（字蘭蓀）公則更是人皆稱爲「高陽相國」，入參軍機的大學士。環繞在他家庭周圍的親戚故舊，也多的是達官貴胄，更多的是他父親的門生故吏。照當時的規例，石老出生下來，就被「蔭授」相當於現時司長級的「郎中」職位了。他以這樣的一種特殊身分，假如他沒有自己的獨特見解與高遠理想，確難打破此種環境的拘束，且將唯恐交臂失之。可是石老却對此優越地位，視之如敝屣。

他曾自說最厭惡滿清朝廷的服制，所以慶幸自己雖有蔭授官職，却從未穿過滿清官服（見蕭瑜著李石曾先生傳記之六）。他父親雖位至相國，但頗具開明思想，並延請學通中西的齊禊亭先生作石老的教師。在家塾中所授的，除了國學經史之外，更兼授天算史地等科。石老尤潛心研習後者。石老自少深受父師的薰陶，對其思想行爲自有很大影響。但據石老說，他父親思想雖新，但作夢也想不到他的兒子竟會做起「革命黨」來的。而且當石老以「隨員」名義，隨同清廷派駐法國的欽差大臣孫寶琦出國之前，孫曾帶他往謁首席軍機大臣慶親王奕劻辭行，奕劻對孫說，法國是革命的國家，你帶同那些青年同去，要特別注意云云，無異是暗示預爲防範，誰知石老後來果然加入了革命黨（均見石僧筆記）。

石老十七歲時父親逝世，廿二歲（民國前十年）出國赴法，在船上，卽與其偕同出國的好友張靜江（人傑）先生，大談革命。到法之後，靜老經營貿易，石老則入校研讀農學。至民前六年，石老畢業農校，一面繼續硏究生物化學等科，一面卽正式加入中國革命同盟會，並與張靜江先生及後來到法的吳稚暉（敬恆）先生，留德的蔡孑民（元培）先生等組成「世界社」，並出版「新世紀」周刊、叢書等，熱烈鼓吹革命，使旅歐留學界風氣爲之丕變。石老留法六年後返國，便在華北平津一帶，從事地下革命聯絡的活動。辛亥武昌起義前後，他更成爲華北平津方面同盟會的主持人，對推翻滿清建立民國，有很大的貢獻。所以 國父孫先生爲慶祝民國統一告成大典昭告全國的通電中，前銜是「南北各省都督、各軍司令、天津民意報李石曾、天津及全國各報館均鑒：」，特將石老名字標出，而且僅他一人，足見其當時地位之重要。可是石老却從來絕不居功，這種胸襟，豈是一般尋常人所可企及？民國十六年初，國民革命軍北伐途中，共黨分子跋扈囂張，企圖篡奪國民黨權，阻撓統一。石老與吳稚暉、蔡孑民、張靜江四監委於是發出「護黨救國」通電，揭穿共黨陰謀。中樞隨卽實行全面清黨。不久而北伐勝利，完成統一大業，則石老等之功，尤爲該一階段國民革命勝利關鍵之所繫。

敝屣功名、永不作官

石老一生澹泊名利的淸操高懷，也是最値得佩服不已的。民國成立之初，石老曾聯同好些同志，發起組織一個「進德會」，訂立：不狎邪、不賭博、不娶妾、不作官、不作議員、不吸烟、不飮酒、不食肉等「八不規約」。然而後來連發起的人，對此八條，很多都不能全部遵守，有的更完全不守了。能够終身奉行不違的，就只賸下了石老一人而已。他之不樂於作官的性格，是從少年時就已具有了的。據他在「石僧筆記」裡自述：他在家塾讀書時，一天他的外甥祁景沂（石老大姊的長子，年稍大過石老）來到塾中，聽到石老正讀着陶淵明「少無適俗韻，性本愛丘山……」的詩句。景沂笑說：日前在友宴中，有人譏誚一位愛山的名士，說他「入山惟恐不深，作官惟恐不大」，不知這個丘山，是不是和他的那個相同？石老卽應口答道：把這個「官」字換作「

「事」字就好了，若再把「大」字改爲「多」字亦佳。由此可見，但願作事不願作官的志趣，石老是自少就有此抱負的。他鄙棄清朝蔭授的「郎中」官職，固然不用說了，入民國後，十三年黃膺白（郛）先生出任北洋時代的內閣總理，曾邀石老入閣擔任教育總長，國民政府成立，亦曾擬派他出使法國；又擬請他擔任北平政治分會的主席，他都沒有答應。但他常以在野之身，與法國一些政要及外交使節等人物來往，運用私交情誼，作爲增進邦交的實際工作。行憲之後，先總統蔣公聘他爲總統府資政，吳稚老告訴他，資政是聘的，不算是官，然後他才接受。像石老這樣能夠堅持原則，信守不渝，終身實踐的，實在難得之至，這種清操高懷，能不令人欽佩！

石老一生堅持不作官，在他於民十六年初所撰「不官主義與民生主義」一文中，說得至爲明白。他說：『「不官」二字之成爲名詞，始自民國元年國民黨同志所組的『進德會』；進德會標明不官，欲明革命非爲作官。……最近南京政府成立，我聲明吾爲革命而來，非爲加入政府而來，亦不官之意也。……以今日中國言，北之張作霖、張宗昌、吳佩孚、孫傳芳，南之鮑羅廷、陳獨秀、徐謙、鄧演達輩，皆官主義之代表也」。由此，可見他於提倡「不官主義」的同時，對軍閥和共產黨，尤深惡痛絕！

理想高超、眼光遠大

石老在「筆記」中曾說，有人批評石老，說他「遠大有餘，具體不足」。石老自己也這樣承認過的，但曾加以解說。其實這是石老的自謙，因爲石老所抱的理想固然甚爲遠大，然而他也求精實，並非空洞無物的。而且也曾做出了許多斐然可觀的具體事實。例如：他在學術研究方面，對於大豆的分析研究，發現其最富乳質，對人體營養，具有極大價值。（石老說：豆腐之製，中國早已有之，不敢掠美。但從學理分析證明大豆屬乳質，則確由石老最先指出的）國父在「孫文學說」中，便曾引述此事，備加讚揚。曾有人勸他把研究論文，提出申請學位。石老沒有意思博取學位虛名，但却在巴黎開設豆腐公司，以實際工作提供海外大衆享受富於營養的食品。又如他爲了改良我國的鄉村社會，石老自民國五年開始曾在北平西山建設溫泉鄉村社會示範區，其中有學校、圖書館、講習所、合作社、銀行等等，都井井有條，辦得很好。我曾由石老介紹前往參觀考察。假如不是內憂外患頻仍，迭經日寇與共匪的空前浩刼，以致此一鄉村社會的示範建設，備受破壞摧殘，相信時至今日，不但該西山溫泉區還有更美好的建設，且將推廣到很多地區，亦已普遍建設起來，爲廣大的鄉村社會造福不淺了。現在我們政府，在蔣總統經國先生積極領導下亦正積極從事鄉村社會的建設，而且由於科技種種的進步，成績更爲優良，民生普享樂利，但就時間上看，石老在距今六十多年前，便已着手推行這種工作，其眼光的遠大，計劃的周詳，及其注重實踐的精神，豈不可佩之極？

至若在文化教育方面，石老和吳稚老等倡設的北平中法大學和設於法國里昂的中法大學（我亦曾被選送就讀於此校之國立中山大學海外部），以及積極推行「勤工儉學」運動，都曾為國家造就了不少人才。又如由石老倡辦並且負責主持的國立北平研究院，在學術研究上亦具有輝煌的貢獻。還有一事，上文談及他不接受黃膺白邀任教育總長之時，馮玉祥要迫滿清遜帝溥儀出宮。石老覺得清宮存有歷代珍藏寶貴文物極多，如果不予好好保管，將必流落散失，因而自動請求負責辦理清宮善後管理事宜。他被聘任清宮善後委員會委員長後，並即着手接收清點整理，旋並成立「故宮博物院」，公開展覽，任人參觀。直至現在我們仍能保存許多國寶文物於此間的故宮博物院者，卽拜石老當年勇於負責之賜。石老在文教社經方面，創辦的事業尚多，難以盡述。前此在石老歷史口述座談中，嘗聞石老的高陽小同鄉張寶樹兄說及：他們高陽人多務農，自從石老把法國的紡織新技術引進，縣中織布之業大盛。高陽布且多外銷各地，民間經濟大爲改善了。諸如上述石老所作的事，豈非都是很具體的嗎？怎能說他「遠大有餘，具體不足」呢？

風塵僕僕、為國奔勞

石老在大半個世紀的長期中，經常僕僕往來於海外各地，眞是「馬不停蹄」。有人笑他「無事忙」，他自己有時也不禁爲之失笑。其實他是眞「忙」，但並非「無事」。祇因他所要做的事很多，但有些人對他的事業瞭解不够，便認爲是不急之務。也因此他不易找得到得力的助手，所以他就顯得更忙了。在這樣的情形之下，石老有時每也發出「曲高和寡」之歎。現在我且舉些實例，略予說明：當民國廿年，日本發動「九一八」事變，侵我東北，繼又挑起淞滬「一二八」之戰，復向華北節節進迫。石老時在歐洲，眼看敵燄猖狂，若徒憑普通外交途徑，爭取他國援手，或待「國際聯盟」之對日制裁，都是不可靠的。因爲他認識清楚了近世的所謂外交，都講現實，毫無道義可言。因而他認爲必須先從宣傳工作着手，把日本侵略的種種事實，讓廣大的外邦人士清楚瞭解，然後才能獲得廣大的同情援助。於是他聯合外國友人，在巴黎組織國際反侵略總會，也在國內組織該會的分會，而由石老負聯繫策進的責任。同時，他在巴黎約集了一些志同道合的朋友，組成了一個「國際宣傳」的通訊機構，以最快的方式，向國際反侵略中國分會報導有關國際反侵略的重要消息，由該會與國際宣傳處合作，以適當方式，分別發佈新聞，以加強國人的反侵略精神和活動；另一方面，也由反侵略中國分會向駐巴黎的機構，提供國內反侵略的重要措施，俾向國際宣傳，爭取同情並鼓動反侵略的國際活動，「反轟炸不設防城市」的國際運動，就是由此而形成的。當時中國分會的會長是宋子文先生，我受聘爲該會的執行部主任，間接追隨石老，從事國際反侵略的工作。我知道：石老又發起組織「世界文化合作中國協會」，及創立「中國國際圖書館」於瑞士日內瓦（後又遷設於南美烏拉圭之孟都）。他主要的目的，就是想藉弘揚中國文化入手，以擴大增進國際衆多人士對我之認識，更進而與我攜手合作。石老從不放棄機會對外國人士，宣揚中國文化。民國二十七年，他曾在日內瓦以「中國文化及其與國際文化的關係」爲題用法語演講，內容精闢，深爲聽者所重視。

然而可惜石老這些竭力以赴的工作，過去許多人都覺得不切實際。殊不知石老早有遠見，徹底看穿了國際間政客的爾虞我詐作風，所謂外交不過是虛與委蛇的表面文章。欲求眞正友情，非大力爭取國際廣大人士之同情合作不爲功。其實這亦卽是：現在所流行的「國民外交」和「實質外交」。現今我們已經劍及履及地積極朝着這個方向展開工作，也已逐漸收到良好的效果。但可惜起步略嫌遲了一些，倘若早就照着這種方法做去，收穫自然更有可觀了。我們瞭解了石老眼光的高遠之後，還能說他是「愛唱高調」嗎？

素淡生涯、守死善道

說到石老的生活方面，那更是了不起，非常人所能及的了。他出身鉅室，原是公子哥兒，但不特絕無一點紈袴子弟的氣息。而且他自少至老，一直儉樸自持，有如寒素，無論食衣住行，都自奉甚薄。這是衆所共見共知的，無待逐一述說了。難就難在他完全出於自然，恬然自足，大有顏子居陋巷，安貧樂道的態度。

石老對於食衣住行，雖似乎不甚講究，却是大有他的道理在的。他之素食，主要是爲了不害衆生生命之仁心，至於衞生、經濟等等，都不過是附帶之作用而已。他之不喜坐乘人力拉車，也張，題目是：「我的遺囑的陸續瑣記」，未簽名，亦未書明日期，但貼在他逝世前數日尚親手剪貼紙上，據猜想是他最後親筆所寫的。內容切囑其死後喪事要簡單，以薄棺入土葬後，墓上栽松柏幾株，俾能吸收其遺體的養料，變成樹的枝葉。他又辭謝形式的輓祭，但歡迎以簡單片紙寫有意義的事，不喜虛僞的恭維。

我們讀了石老這幾篇他所謂「遺囑」的文字，越見得出石老全心全意向着「天下爲公」大道邁進，絕無半點爲一己之私着想。而其愛國、愛人類、社會、愛自由民主的信念之堅強，眞正是「死而不已」的。他這種偉大的精神，更使人崇敬景仰不已。

「僑學」遺教、愧未達成

還有一事，令我至今一直耿耿於心的。就是當我奉命主持僑務委員會時，石老非常關懷僑務工作，故我亦每常趨承教益。他曾對我說，應該積極研究處理我們遍布世界的華僑問題，並竭力闡發「僑學」理論。記得民國六十三年在石老準備出國那一天，我曾邀請他到新北投僑園小敍。承他很高興爲我題僑園兩字以作紀念。他在所書僑園兩字的橫幅後，幷附以小序云：「數十年來曾爲僑學之研究，頗承彥棻先生推許，吾道不孤。近承約敍於僑園，囑爲題字，臨行草草書之，將來再當以僑學內容書奉。僑學本當爲學院，以僑園爲臺北學院之始，可乎？尚望有以教之。」

只因那時僑委會關於爭取僑生回國升學，及為健全僑社組織，輔導僑社工商經濟事業發展等等，工作至為繁忙，而人手又少，大有應接不暇之苦。故對於闡發「僑學」一事，中心藏之而力有不逮，尚未着手作有系統之研究。其後，我又奉調任主持司法行政，始終未克實現。深感對不起石老殷切的期望。尤可惜者，石老後來竟亦未再提出他研究數十年心得的「僑學」，書就見示。這眞是一項莫可補償的最大損失，甚望對此問題有興趣者，多所致力。

道範嘉儀、永資崇敬

最後我要說的，我覺得石老待人接物的謙虛眞摯藹然可親——眞正是一個有道君子，令人肅然起敬，更足為世人效法。他雖出身顯貴家庭，却絕不驕矜倨傲。對人不論少長貴賤，都是彬彬有禮，常稱先生，言談之間，更未見有疾言厲色，使人如坐春風。就我的觀感體會到的，石老實在兼具了儒家健行不息，鞠躬盡瘁的弘毅精神；道家為而不有沖虛純眞的自然氣度；以及佛家大慈大悲的菩薩心腸。他自己也曾為其筆名「石僧」二字作過銓釋，以「天然儒」、「天然道」、「天然佛」為喻，這完全與我的印象相符合的。我對石老的這一深刻印象，永遠難忘；對他這位一代高人的道範嘉儀，也永表崇敬。

（民國六十九年七月）

閻錫山先生遺像

閻錫山先生　與　國父合影
（民國元年九月十九日於太原）

民國十七年北伐時期，蔣總司令與閻錫山總司令在石家莊合影（前排中立者為吳敬恒先生，右為蔣總司令，左為閻總司令）。

中是治事之樞則得中乃存失中即毀
閻錫山

仁為從政之根本安仁固善利仁亦佳
閻錫山

閻錫山先生墨蹟

我對閻伯川先生的認識

自從中華民國建立之初，以迄民國四十餘年間，山西的閻錫山伯川先生，一直可說得是一位舉足輕重的人物，我於年輕讀書時期，卽耳聞其名，但他究竟是怎麼樣的人物呢？卻不甚了解。由於他在塞北，我處嶺南，兩地距離遙遠，只憑報紙的點滴報導，或從道路傳言，略知一二而已。而且當時各地軍閥割據地盤，爭戰不已，報紙所載，多是爭城掠地、誰勝誰敗的新聞，卻很少道及關於山西及閻錫山的。後來才逐漸知道，原來閻先生自民國元年執掌山西軍事，對袁世凱虛與委蛇，至民國六年兼理山西省政，卽以保境安民爲務，力避參與那些軍閥你爭我奪的行動，故報端也少見他的名字。惟其保境安民、勵精圖治，而獲得「模範省」的美譽，閻伯川先生的名字，也同時漸爲國人所重視了。

我從此對閻先生其人發生了很濃厚的興趣，然後又從革命史中，知道他在日本士官學校學習軍事的時候，即參加了　國父孫先生所組織的革命同盟會，並且和浙江黃郛、江西李烈鈞、陝西張鳳翽、雲南羅佩金、湖北孔庚等二十八人，均是「鐵血丈夫團」的份子，原來是一位革命元老。又在國父遺教全集中，讀到民國元年九月　國父到山西太原的演講詞，其中曾說：「去歲武昌起義，不半載竟告成功，此實山西之力，閻君伯川之功，不惟山西人當感戴閻君，即十八行省亦當致謝。何也？廣東為革命之原初省分，然屢次失敗，因滿清政府防衞甚嚴，不能稍有施展，其他可想而知。使非山西起義，斷絕南北交通，天下事未可知也。」於此可見　國父對伯川先生備加嘉許與重視，因而我更增加了對伯川先生的深刻印象。後又聞說，他之一直堅持保境安民，不參加任何軍閥集團戰爭，乃是遵奉　國父離開太原臨行時，囑他盡力保存山西這一革命基地之故。

我於民國十五年初，奉准出國赴法就學深造，是年秋，先總統　蔣公率領國民革命軍北伐，勢如破竹，十六年師出中原，伯川先生即依照事先約定響應，於六月宣佈就任國民革命軍北方總司令，督率山西部隊協力北伐，獨當一面作戰，卒使北伐軍事順利粉碎北洋軍閥割據的局面，促成全國統一的大業。於是，國人憬然明白，伯川先生過去力避參與軍閥內戰，而致力整頓山西，實為遵奉　國父盡力保存革命基地之指示，得了事實上的證明。我在海外聞之，乃益增對伯川先生的無限欽敬。故於民國二十三年，乘在「國際聯盟」服務休假之便，返國參觀考察各地鄉村建設，因對伯川先生在山西模範省的種種設施，尤為嚮往，遂於看過鄒平、定縣等處之後，特專程往晉。惜我到太原時，伯川先生政務太忙，不在太原，我又以時間所限，未獲謁候，僅見到總參議趙戴文先生（東京同盟會會員，曾任內政部長、監察院長），又與一些負責幹部交談，同時目睹山西省政府及人民發奮圖強、勵精邁進的精神，確使我得到很多良好的印象，欽佩不已。

對日抗戰時期，伯川先生在晉負責第二戰區指揮作戰，一方面要對付日寇，另一方面又受到共黨部隊的掣肘襲擊，前後受敵，處境困難，由於他的卓越領導，卒能保全山西根據地。當時，他身負軍政重責，極少到陪都重慶來，我雖服務中央多年，仍難得與伯川先生接觸面聆教益的機會。直至民國三十八年六月，伯川先生出任行政院院長兼國防部部長，而我則以原任中央黨部秘書長職務之故，始多接觸機緣，常有晤談。且因其時先總統 蔣公已經引退，祇以本黨 總裁身分，領導本黨從政同志爲國效力，伯川先生在廣州就任前後，尙無與 總裁通電密碼，來往電報，均交我由中央黨部譯轉，故常需晤敍。但我對他濃厚的山西土音，不易完全聽懂，他對我的「廣東國語」也覺難聽，乃於交談之間，輔以筆寫，始能達意。這些筆談紀錄，可惜都已不存，倘若當時把其保存起來，眞可成爲極珍貴的史料。

伯川先生於三十八年六月十三日在廣州就任行政院院長兼國防部部長職後，即宣稱：要負責、盡職、廉潔、守法。軍事方面，動員全國人力物力，支援前線，爭取勝利。財政方面，增加稅收，節省開支，整理貨幣，穩定金融。政治方面，平民心，養民生，用民力。外交方面，在反侵略戰爭前哨，爭取反侵略國家的同情與援助。以此作爲其戰鬥內閣的奮鬥目標。他雖受命於危難之際，而其態度堅定，極具信心與決心。嗣卽制定：加大地方職權爭取勝利案，扭轉時局方案，反共救國案，保衞華南西北大陸作戰方略案，保衞西南中心的四川部份方案，保衞臺灣、海南島案，實行耕者有其田、發動民衆反共自衞軍蜂起以消滅入川匪軍案，並採取改革幣制，封鎖大陸海口，向聯合國控訴蘇俄侵華等重要措施。此等重要方案與措施，或先呈　總裁核示，或提中央非常委員會議討論，而後提行政院院會通過，付諸實施。

伯川先生就任後，有一天（九月五日以前），我的校長鄒海濱（魯）先生約我談話，他說：「德鄰（李守仁，時為代總統）要我轉請伯川辭去國防部部長兼職，並以健生（白崇禧）接替，請你代我將此意報告伯川，如何決定，立卽復我，以便轉復德鄰。」我遵囑面報伯川先生，他毫不遲疑便說：「我不辭國防部長兼職，如李代總統下令免我的職，我不副署。」其負責精神與堅定意志，實在令人佩服。最近，我獲閱及伯川先生三十八年九月五日致徐次辰（永昌，時任行政院政務委員）先生一封信的影印本，說他不辭國防部長的原因，使我非常感動，更敬佩伯川先生公忠體國，實非常人所能企及，該信原文如次：

「心安理得，雖刀鋸鼎鑊，視如甘飴。如心不安理不得，雖風吹草動，亦覺悚惕。兄昨晚之言，關係國運隆替，睡醒後頗覺縈系。我意：不只我兼國防部長必滅亡，換人或滅亡或不滅亡，我願辭職；卽使我兼亦亡，換人亦亡，或我兼或可不亡，換人亦或可不亡，我亦願辭職；假使我兼亡的慢，換人亡的快，我就不辭。我認今天我們是病與命相連在一塊，治病必致命，不治病必喪命，若不設法使病命分離，恐無下手之法。今欲轉危爲安，必須變『各是其是，各非其非』爲『同是其是，同非其非』，方能意志集中，力量集中。按今日我們的自身，由人上說，易於各是其是，各非其非；若從事上說，無人不願國家好，定能同是其是，同非其非。應決定何利必興，何弊必除，規定制度，實行考核，作爲我們首腦部救國的約法，共同遵守，完成者獎勵，違誤者嚴懲，則意志集中，力量集中，向挽救危亡的目標邁進，未始不可有爲。此致次辰兄。錫山九月五日。」

此事對當時戡亂局勢，至關重要，而此信之語重心長，完全發自一片老成謀國之忠誠，已躍然紙上了。

當三十八年四月間，伯川先生尙未出任行政院長前，卽曾應中央執行委員及監察委員之邀，蒞臨廣州，積極與各方會商，促進團結，並兩度晉謁　總裁，兩度赴穗謁李代總統，他致力於旋乾轉坤的工作，煞費苦心。嘗謂：「任事處危，應謀其事之所當爲，盡其力之所能爲。」他抵廣州時，看到宏偉壯觀的「珠江大橋」，曾感賦云：「鋼骨水泥兮，合則堅牢。勞燕分飛兮，孤鳴嘐嘐。大川利涉兮，賴此宏橋。」讀此，可以體會到他當時對促進團結的苦心和宏願，是何等的情辭懇切。

伯川先生在行政院長任內駐廣州時，對外交方面的工作，有兩件大事，使我有最深刻的印象：其一、發表「對美國白皮書觀感」，義正詞嚴；其二、是向聯合國提出「控訴蘇聯案」，理直氣壯。八月十日，他在「反侵略大同盟」第七次常委會中，發表「對美國白皮書觀感」，強調我國的反共戰爭，是世界反侵略的前哨戰，對亞洲和平安定及自由世界的前途休戚相關，並對美國政府提出忠告的聲明：

第一、如果認共產主義是國際侵略性的，則凡共產黨發動的戰爭，都是國際性的戰爭。且艾奇遜國務卿既認中共造亂是蘇聯策動，我們中國今天進行的戰爭，卽不是中國的內戰，而是世界反侵略的前哨戰；凡反侵略的國家，對我們反侵略的前哨戰有利害一致的關係，應當有同情的表示。

第二、反侵略的國家憑工業與飛機為唯一的武器，共產黨是以廣大的土地與鐵幕內有組織的人民為他應付物質的方法。若赤化了中國，一定會赤化東南亞及印度；赤化了東南亞及印度，則地球上二分之一以上的土地，三分之二以上的人民，皆入共產國際之手，彼時欲再反共，實無把握！

我們不是說一定要求美國援助，是說我們的奮鬥是國際反侵略戰爭的前哨；至於反侵略國家對我們的認識如何，同情心有多少，全看對共產黨認識正確與否而定。

若美國以白皮書為中美友好結局的一個文件，則在我們節節失敗的過程中，予我們精神以極大的打擊，這白皮書對我們中國，等於落井下石。我認為美國不應該以落井下石的意義，結束中美友好的關係，我們希望白皮書不是已過中美友好之果，而是此後中美共同反共之因。

關於向聯合國提出「控訴蘇聯案」，伯川先生於行政院院會中表示：「弱者受屈，尚能向聯合國控訴，是世界的一線光明，不控訴蘇聯是我們失去了光明，鼓勵了侵略。不論控訴是否有效，我們一定要控訴。」事經蔣廷黻代表九月向聯合國提出，十二月由大會通過。於控訴蘇聯案中，詳述蘇聯赤色帝國主義對華侵略計畫，違反聯合國憲章及中蘇友好條約，阻止我政府收復東北，在東北援助中共之事實，殘殺中國礦業工程師張莘夫，侵占外蒙，呑併唐努烏梁海，侵略新疆，破壞中國的政治獨立與領土完整，造成對遠東和平及安全的威脅。

由於上述二事，便可看出伯川先生在外交上觀點之正確與眼光之遠大了。

伯川先生出膺行政院長重任，時已局勢十分危殆，人以爲他完全是抱着「知其不可爲而爲之」的態度，不避險阻艱難的勇氣，而毅然擔負起來的；但他以這還不够，他自以爲是要義無反顧的打開「束手無策、坐以待斃」的局面，克服萬難，扭轉形勢，以人定勝天之志，奮鬥到底。而就任之初，又卽劍及履及，博採衆議，訂定多項濟難扶顚的方案，正待次第施行，惜乎局勢急速惡化，時不我與，且以輾轉播遷，迄無寧息，以致未能完全實施，大陸遂告淪陷了。然而伯川先生在此八個月的短暫時間中，率同中央政府羣僚，歷盡無數艱辛困難，其對國家民族，實已心瘁力痛，可質天日。故而先總統　蔣公於民國四十三年國民大會第二次會議中，曾經備加讚揚說：「自三十八年底至三十九年初，赤焰滔天，挽救無術，人心迷惘，莫可究極，不惟西南淪陷，無法避免，卽臺灣基地，亦岌岌欲墜，……當此之時，中央政府幸有閻院長錫山，苦心孤詣，撑持危局，由重慶播遷成都，復由成都播遷臺灣，繼續至當年三月止，政府統緒賴以不墜者，閻院長之功，實不可泯。」先總統 蔣公這番話，完全是事實，並非普通嘉勉的語辭。

以上都是就我個人在未曾接觸過伯川先生之間的所聞，及親炙過他的教益之後的所見，而寫出來的事實與觀感。自三十九年三月蔣公俯順輿情，復任總統視事，伯川先生隨卸下了行政院長重任，住在陽明山的「菁山草廬」，潛心從事著述，積極闡揚 國父遺教及中道文化；我也離開了中央黨部秘書長的崗位，轉任中央第三組，後並兼攝行政院僑務委員會，負責辦理海外黨務僑務的工作，此後，便未得經常親近伯川先生。至四十九年，伯川先生竟以七八之齡，遽歸道山，而無再向他當面請教的機會了。不過，他山居十年，先後著述的「大同之路」、「世界大同」、「三百年的中國」等鉅著陸續出版，我也曾在公餘之暇略為披覽，藉以窺見他的好學深思、見解卓越的崖略。

去年（七十一）十月底，中央黨史委員會為紀念閻伯川先生百年誕辰紀念，舉辦關於先生的口述歷史座談會，我也被約參加，由於我自己對伯川先生的生平言行，實際所知不多，因又訪問了伯川先生生前比較相處密切的若干友好、僚屬及晉省人士，並搜集了一些資料，臨時「惡補」一番，然後才又得到更多的瞭解，益覺得伯川先生的一生，實在很了不起，值得我們景仰與效法。我在上文已經敍過，他自民元建國以後，見到如袁世凱等那類軍閥得勢，盤據要津，必對民國不利，而當時情勢，一旦也無法扭轉，山西且在軍閥包圍覬覦吞併之中，於是他乃謹遵 國父的囑咐，盡力保存山西此一革命基地。故而他一直堅持着保境安民，不妄動、不惹事、不宣傳，眞做到不聲不響、隱忍待時，直至革命軍渡江北上，他才正式表露革命的身分，大張旗鼓，以爲響應，使全國統一大業，迅告成功。像他這種隱忍涵養工夫，乃正是孟子所說的「大勇」。

他之治理山西，提倡「村本政治」，建立「村民會議」，創立「村仁化」的村治基礎。推行六政（水利、植樹、養蠶、禁煙、天足、剪髮）三事（種棉、造林、畜牧）；各村設經濟建設委員會、監政會、息訟會、戒煙會、保衞團等。以期做到人人有工作、人人有生活、村村無訟、家家有餘，以達其裕民生、正民情、敦民情的政治目的。在全省性的建設，訂定了「十年建設計劃」。他辦工廠，採取工人分紅制，無不平、無怠工，故其西北實業建設公司，到抗日戰爭開始時，已發展輕重工業三十餘廠，機器擁有四千餘部，資產達一億元。修建大同至風陵渡的同蒲鐵路，幹線及支線完成一千餘公里。他的建設計畫，全省人民都一致信賴奉行。伯川先生曾撰一首「努力實現歌」云：「無山不樹林，無田不水到，無村不工廠，無區不職校，無路不整修，無房不改造，無人不當兵，無人不入校，無人不愛人，無人不公道」。

民國十三年底，國父孫先生應北京段祺瑞之邀，北上開國民會議商討和平統一時，國父曾派員到晉，商議在晉試行「建國大綱」，伯川先生亦即派山西大學教授王憲赴津報命，並擬親迎駕，且已草成「山西施行三民主義五權政治大綱」，但籌備未久，國父不幸病逝北平，以致未得在晉正式試行「建國大綱」。但揆諸伯川先生推行的「六政」、「三事」之村政基礎，「民德、民智、民財」的政治綱領，其精神完全是依照「建國大綱」和「地方自治開始實行法」的精神，不過文字上稍有不同而已。蓋當時全國尚未統一，軍閥勢力依然橫行，山西一省的處境，表面上自不能公然宣稱是試行「建國大綱」的，於此也可見得伯川先生苦心孤詣之一斑。

伯川先生老成謀國，畢生爲人民造福而盡心盡力，這已是有目共睹的了。他更是反共最堅決積極者，他常向人說：「反共黨而不反共產主義，等於割韮菜，割了一莖又一莖。」又曾說：「什麼人都能讓，就是對共產黨不能讓。」又說：「全世界共產黨徒，沒有一個是好東西，特別是中共最殘忍，最狠毒。什麼事都可妥協，唯獨對付中共千萬不可妥協。」可見他的反共態度如何堅決。而且，伯川先生又是對共產制度的禍害認識最早的先覺者。民國十年四月，他聽到由莫斯科被驅逐回國的山西汾陽籍僑民說：「蘇俄強迫農民將生產的食糧歸公，因農民不從，殺人無數，後來俄國警察亦消極怠工，蘇俄卽招雇中國人近十萬，並給其中一人以將軍銜，着其負責指揮搶收食糧。後以受雇的華人亦不忍爲，遂將華人驅逐」。伯川先生聽後，至爲驚駭，他覺得由資本主義之剝削，可演出共產主義來，是兩極端的錯失，就世界人類說，應該有一個適中的制度，以爲挽救，遂於該年六月，先召集二十四人在太原軍署進山「邃密深沉之館」，開會討論，後來參加者增至五百人，每週開會二次，共討論達二年四個月，紀錄達三百餘萬言，編成「進山會議錄」，此一會議得到的結果：在理論上，提出「三一權衡論」，其大意是說：人心皆有所同然，物各有則；以其心之所同然，循物之則，卽爲事之對。人心是只有一個所同然，一物亦只有一個則，故一事只有一個對，合此三個一，故稱爲「三一權衡」。以此爲研析問題、衡量是非的標準。在政治經濟上，會中亦提出了一個「公平制度」，所謂公平制度者，「資由公給，田由公授，使耕者有其田，工者有其器，耕者工者不受地主廠主之剝削，……使衣食足則易於爲善，積聚厚則強於爲仁。於是而普及教育，教以孝弟，勵以廉恥，好善則不惜力，勤勞不必爲己，尚仁則不吝物，界物不分人己。孝弟者必仁，仁必愛人；廉恥者必義，義必敬人；……公道森嚴，大同實象，無以逾此者」。此乃討論所得的大綱，會中還作了施行的細則。跟着這一公平制度的提出，還準備開辦一個「新村」，以作試驗。後來便在綏遠包頭市河西，建立了一個作爲試驗的新村，名曰「求對村」，旋因抗日戰起，日寇入侵，戰後又遭共黨叛亂，未竟其事，至爲可惜。

當辛亥武昌起義後之第十九天（九月初八日、陽曆十月二十九日）伯川先生即以一個年方二十九歲的青年軍官，率衆舉義於太原，一夕成功，被舉爲山西都督，宣布晉省光復獨立，作武昌革命軍之聲援，此舉實大出乎清廷意料之外，乃使其震驚不已，並促成中華民國的迅速建立，厥功實偉。然而伯川先生因舉義之功而被推爲都督，固屬順理成章之事。但其出任都督之後，以一青年肆應各方，仍能獲得全省民衆父老的信服而和衷合作，使一切政令推行無阻，且長達數十年之久，屹立茁壯，諸般建設，成果輝煌，則非有眞本事者，實不易爲，誠足使人歎爲奇蹟。

我嘗就各方面觀察，覺得伯川先生之所以成功之道，他既不是以武力去作統治的工具，又非運用甚麼智術，或以縱橫捭闔的手段去籠絡抓牢羣衆，一切行事施爲，總是平平無奇的。經過深入研究，然後知道他只是依循我國先儒「以誠待人，以德服人」的明訓，並以「中」為治事之極則，以「仁」為從政之根本。民心旣附，政教自易推行。則擇其事之有補於利用厚生的，次第與辦之。此又正符合了 國父所昭示的「順乎天理，應乎人情，適乎世界之潮流，合乎人羣之需要」之旨，且又努力實行，以求其實現的，豈不使人樂於相從，而達致成功的地步了嗎？伯川先生又曾於其逝世前一年的民國四十八年「雙十國慶紀念文」中說：「 國父的政治經濟主張無時空性，是一國行之一國安，世界行之世界安；今日行之今日安，萬世行之萬世安。 國父以千辛萬苦，推翻專制，建立民國，並指出政治經濟之極則，期以三民主義的中國嚮導世界，實現世界大同，不僅是為中國謀幸福，並且是為世界創大同。我毫不誇大的說： 國父不僅是中國的聖人，實在是世界的聖人；不僅是今世的聖人，而且是萬世的聖人。」可見他對 國父遺教的信仰之深與尊崇之極了。

至於伯川先生又是怎樣去實行他的工作呢？無他，只因為他明白了「人同此心，心同此理」（見上「進山會議」一段所述）的緣故，是以凡所設施，都憑着「愛心、公道、中道」這幾點原則去做。則愛人者人恆愛之，大家必然樂於和他合作無間，便很容易把事情做好了。由於本着公道去做事，大公無私，大家也一定沒話可說，自然不會感到有什委屈而埋怨的地方，一齊照着辦了。由於凡事合乎「中道」，無偏無倚，無過無不及，不走極端的路線，平平實實，又是最易推行的。照理來說，以上這幾點，所謂事不驚人，原亦毫無新奇特異之處，然而却是「順乎天理，應乎人情」，也就是衆人都皆大歡喜的，伯川先生鍥而不舍而行之，宜其獲致很大的成功了。

不特如此，伯川先生每事都抱着兢兢戒愼的態度，不驕不吝，因此，他把省府的禮堂命名爲「自省堂」，還題了「悔過自新」四個大字，要自己和僚屬們大家時時自省、共省，以免行差踏錯，如果錯了，就要改過自新。伯川先生又是很虛心的，他除了凡事都博採周諮，及跟僚友輩共同商討計議之外，更有「見賢思齊」的謙懷雅量，他有一次和一位河南籍的僚屬某君談話，問起河南方面的事情，某君陳述別廷芳和彭禹廷辦理南陽「宛西自治」的政績，幾乎達到「路不拾遺」的境界，（當年我返國考察，原定也要前往南陽宛西，却因時間不足而未往，至覺可惜。）別廷芳死後，人民哀痛得「如喪考妣」一般。伯川先生聽罷，異常感動，卽吩咐某君在紀念週上作報告，同時他還把正在建好的聯合辦公室改名爲「愧別室」，並題詩刻石於壁上，以表景慕與自勵之意，詩曰：「別彭赤手理南陽，路不拾遺須送還，國權重寄三十載，何難何易愧無顏。」這眞是了不起的一種胸襟。

伯川先生一生以厚道待人，故凡曾追隨過他作事的，無人不受其感召而樂於效命，是故共匪攻打太原，圍城數月，而守城的，自省府主席梁敦厚等都寧死不屈，與城偕殉的五百完人，浩氣千秋，這都是平日深受伯川先生之敎，才造得成這番慷慨成仁的壯烈事跡來的。但就另一個角度看，他之以厚對人，却又並非凡事唯唯諾諾的鄉愿之流。其實他對是非黑白異常清楚，而且也是極有知人之明的。上文敍過，他不肯屈從李宗仁要他辭去國防部長兼職一事，卽可看出他那擇善固執的倔強態度。他之如此不肯隨和，原來他早就看出了李宗仁之爲人是不能成器的。他曾對人說過：李宗仁不成器，不能救中國；能救中國者，只有先總統 蔣公而已。（他這番話是對記者于衡說的，于先生遵守諾言，未曾將之公開發表）。時至今日，事實已經擺在眼前，大家自然十分明瞭，但伯川先生說這番話時，李宗仁還高踞着「代總統」的地位呢！我們於此，又可見出伯川先生之眼光如炬，料事如神，豈得不加以無限敬佩之忱。

（民國七十二年二月）

陳樹人先生與夫人合影。

陳樹人先生遺作

陳樹人先生的生平

一、前言

陳樹人先生早歲參盟，追隨　國父孫中山先生從事革命，在中華民國開國的歷程中，有過許多貢獻。他曾在革命政府歷任許多重要職務，廉潔清高，是人皆敬重的一位革命元勳。同時，在中國近代畫壇上，陳先生又是「嶺南畫派」的開創者，和高劍父、高奇峯兄弟，並稱爲「嶺南三大家」，這是尤爲難得的一位人物。陳先生一生行事可紀的很多，我在這裏只是就自己所聞所知，略舉一二，用資景仰而已。至於他的畫藝造詣，一則因我是外行人，無法道出其精妙之處；二則他的名氣早已遐邇推崇，也用不着由我作介紹了。

二、少年苦學、藝精品立

樹人先生在民國前二十八年（一八八三年），出生於廣東番禺縣之明經鄉。他自幼聰敏好學，且喜繪事，潛心學習，却苦乏師承。到十七歲時，聞人說，隔山鄉有居巢（梅生）、居廉（古泉）兩位兄弟大畫師，古泉大師且招收學生教畫，但學費很貴。他雖很想前往拜師學習，然而幼孤家貧，難以負擔。後得人相助，又帶他到古泉大師處爲其介紹，獲允收爲弟子。樹人先生及其同門的高劍父、高奇峯兄弟都努力地學習，也都極有成就，成爲後來開創嶺南畫派的三大畫家。樹人先生更受到老師的青睞，並蒙古泉先生以幼女若文女士許配爲妻。若文夫人也是從家教薰陶出來，能畫能詩的才女。（很多人的記載，都說若文夫人是居梅生先生的季女，古泉先生的姪女，但據和樹人先生數代交好的祝秀俠兄言，若文夫人確是古泉先生的幼女，非姪女云。）

三、服務報紙、秉筆匡時

樹人先生學畫數年，藝已有成，文亦大進。且以愛讀富有民族思想及有關中國政治改革等新書，又因其時革命思潮澎湃，使他激發了革命的熱情。適鄭貫公、陳少白諸先生在香港創辦中國日報，積極鼓吹革命。樹人先生慕鄭之名，親往訪晤，相談深爲投契，鄭正計畫在廣州另創廣東日報，逐日在報端發表主張改革的政論。不久該報因款絀停版，他們又再辦「有所謂小日報」。由於運用顯淺文字，莊諧並作，深受讀者歡迎，風行一時。不幸鄭貫公染疫病逝，又告停刊。樹人先生再與謝英伯先生等辦「東方日報」，格調和「有所謂小日報」相似，故亦很暢銷。惜爲時數月，又因故停刊了。樹人先生乃往香港，仍在中國日報，協助陳少白先生主持筆政。

四、參加革命，東渡扶桑

樹人先生早年卽由鄭貫公的介紹，在港參加同盟會了。民國前六年春，國父孫先生由歐東返赴日，途經香港，召陳少白、馮自由、鄭貫公諸先生至輪上會談（時香港政府受淸廷壓力，禁國父登岸），樹人先生亦隨同謁候，時年才廿三、四歲。國父見其英發有爲，頗爲賞識，便邀他同赴日本東京。他到日後，一面爲革命工作效力，一面更進入京都美術學校深造，潛心藝事。從此，他更加體驗出藝術之感人肺腑，實爲喚醒國魂，改造國家社會的一種最好利器。因而他雖畢生厠身政海，却又治藝不輟，且以倡導藝術振勵國魂的重責自任。他曾對他的老同學高劍父先生說：「藝術關係國魂，推陳出新，視政治革命尤急，吾將以此爲終身責任矣。」

滿淸旣倒，民國成立，樹人先生在日學成歸國，却沒有參加政府工作，祇任教於廣東優級師範及高等學堂，以畫藝薰陶青年學子。迨袁氏竊國，二次革命失利，國事日非，樹人先生再復東渡扶桑，進入東京立教大學研究文學，期以文學藝術教育報國。

五、海外宣勤、歷嘗艱苦

樹人先生於獲得文學士學位回國，適值護法時期， 國父乃派他馳赴加拿大，任駐加總支部總幹事，並主持「新民國報」筆政，對北洋政權大加聲討，使僑心爲之振奮。民國七年秋，北洋政府爲向美借款以壓制護法革命，乃派湯化龍赴美接洽，途經加拿大西部之維多利亞，被革命志士王昌擊斃，王昌爲免牽累同志，亦舉槍自殺犧牲。北洋政府駐加領事館及當地保皇黨分子竟誣係國民黨部指使，因而興起大獄。加政府也不分皂白，竟將樹人先生繫獄，且因北洋政府之壓力，要將他引渡回國。幸而樹人先生平素以文會友，甚得僑社及當地教會人士同情愛護，故由教會等聯請律師營救，幸獲省釋。他留加雖祇數年，但離開數十年後之今日，當地的老華僑猶對他懷念不已，足見他平日待人接物的誠篤，乃能令人敬愛如此。

六、歷膺重任、不忘藝術

民國十一年 國父任大元帥，開府廣州。樹人先生挈眷自加返抵廣州時，適徐紹楨方接任廣東省長，尚有政務廳長一缺，未能物色適當人選，特向 國父請示。 國父答道：「這職務確很重要。有一個好人可以擔任。但他從來未曾從政，不知他願不願意。」徐問知這人是陳樹人，於是立卽驅車往訪，請其出山。樹人先生感於徐的誠意難却，便答應了。果然做得很好，其後他一直數度連任此職，有兩次省長易人，新舊交接之間，還是由他權代省篆的。可見他對政務的處理，也是一位能手。

國父於民國十四年薨逝後不久，國民政府成立，他出任秘書長。迨國府奠都南京後，任國府顧問。民國二十一年起任行政院僑務委員會委員長，歷十餘年，至抗日勝利還都南京後，於卅六年始辭去委員長職，任國策顧問。在黨方面，樹人先生曾幾度當選中央委員，又歷任工人部長、海外部長等職位。

樹人先生雖然歷膺黨政各項要職，一直不曾閒過，可是他對於本身畫藝方面的鑽研功夫，仍然一日也不曾放下過的。他在廣州的時候，經常參與畫藝朋友們「清遊會」的活動。戰後回粵，又與友輩籌組「會社」，作爲畫藝研討切磋的聚會。可惜該社尚未成立而先生已仙逝了。至於他自己繪事之勤，更無時或輟。據現居香港的名畫家趙少昂先生所述，他抗戰時在重慶，樹人先生任僑委會委員長，居山澗茅舍中，常邀其作夜譚，乃知樹人先生每晨早起，必先作畫兩小時，然後始上班治事云。

七、恬淡寡欲、廉潔清高

樹人先生久任黨政大員，但其貌如恂恂儒者，一片書生本色，平易近人，言談亦從無疾言厲色，更少月旦他人。他日常生活，尤爲樸素，布衣蔬食，淡泊自甘。當他早歲留學日本時期，卽已卓然自重自愛，絕無沾染有如「平江不肖生」所著「留東外史」筆下描寫的那些留東學生的不良氣息。因而在留學生中，有所謂「樹人式」的生活方式之美談。他在南京任職多年，俸給所入，除供給家常日用外，並無餘資積蓄，惟恃賣畫所得，在中山陵園附近築一小屋，供居住及作畫室。抗戰勝利回京時，該屋已燬於戰火，無資重建，乃借住於其媳婦的外家中。卅六年他辭卸僑委會事南返廣州，其原在東山的舊居亦毀壞，也無力修築，遂擬籌開畫展，以鬻畫之資作挹注。於是晝夜辛勞，作畫不息，詎竟因此過度勞累而引發胃病宿疾，醫治罔效，終告不起，享壽僅六十有五而已，聞者莫不痛悼。

樹人先生主持僑委會垂十六、七年，該會經費原本不多，但其時海外各地僑社情形較爲單純，僑社中各種活動，多由當地僑胞自行舉辦，不甚需要依賴祖國政府補貼資助。僑委會只派員前往視察指導，並於各地僑領回國接洽時，稍予招待而已。惟樹人先生十分注重僑社文教，對僑校多予支助，同時常購買善本圖書，贈給各僑校及僑社圖書館等，備供庋藏閱覽。會中年終決算如有盈餘，即向國庫還納，絕不浪費公帑分文。於此，也可以看出樹人先生的治事作風的一斑。

樹人先生和若文夫人，伉儷相敬如賓，同過着恬淡安祥的生活，恩愛之篤，數十年如一日，也為親朋僚屬們同聲欽羨稱讚，引為美談。他們育有男女公子各三，俱甚賢俊，惜長次兩男不幸早逝。最近，他的幼公子陳適兄攜樹人先生部分遺作，從海外歸國，在臺北歷史博物館展出，各方對其作品清、新、高、逸的風格，讚不絕口。

八、結語

綜觀樹人先生的生平言行，眞可稱得上是近世極為難得的一位賢者。其治事精勤和對畫藝鍥而不舍的精神，與乎其淡泊寡欲的清高生活態度，都可作為後輩作人作事的楷範。關於他在藝術上的成就，現在我只引述一些名人的話，如蔡孑民（元培）先生對其評語：「其所為畫，極輕微淡遠之致，……且極守透視寫實之規矩。而一出其手，無不化板滯為靈雋，轉粗獷為秀逸，是誠澈底顯出優美的個性，而於六法中之氣韻，特擅其長者矣。」他的畫在海外各地展出時，又獲致很多佳評，如法國的文豪羅曼羅蘭曾稱之為「有音樂的節奏」，日本的鑑賞家須磨彌合郎稱其「妙處在白紙」。至於樹人先生自己對藝術的觀點，他認為「詩文書畫皆足以表現作者人格，可貴之藝術莫如高尚人格之表現，至於技巧熟練，其次焉耳。」這也充分看出樹人先生的人格與思想，更值得我們崇敬景仰。

（民國七十年十二月）

本書作者（前排左二）與中央財務委員等赴南部視察時合影（前排右一為馬超俊先生，中為鄒海濱先生，李文範先生）。

本書作者與馬超俊先生(右二)及夫人(左四)等合影。

積厚流光的馬星老

黨國元老馬超俊星樵先生逝世迄今，忽忽已屆周年，但星老生平的懿行嘉言，依舊長令世人懷念不已。誠所謂「積厚流光」，並不是偶然而致的。

星老立功立事，其成就在很多方面，都有他過人的地方，非泛泛者之所能企及。他自少年時代，追隨 國父從事革命工作，冒險犯難，奮勵直前。因而獲得 國父的器重，把策導勞工運動的任務，交給他去負責，星老確也不負所託，把組織領導勞工這份工作，做得有聲有色，勞工們對於國民革命大業，貢獻至爲宏鉅。在協助奠定廣東的革命策源地，以至北伐統一全國，與及其後凡是有關安內攘外的每役工作，勞工們都直接間接參與戰鬥的行列，克盡了最大的努力。這些都可說由於星老樹之先聲，建立了強固的基礎，有以致之。因此他之被人稱爲中國「勞工之父」，實在當之無愧的。

星老以革命勳績昭著，自國民革命軍北伐成功，國府奠都南京後，曾數度奉命出任首都的南京市長。南京雖然是歷史上的著名大城，但自滿清平定洪楊之役，大遭破壞，奠都時尚未恢復舊觀。星老每度擔任市長期間，都積極從事種種建設，使此名城更具宏偉的規模，對於各項市政設施，亦皆蓬勃發展，斐然可觀。於此又可窺見星老在政事方面的大才槃槃，出人頭地了。

共匪竊據大陸，星老隨同政府播遷來臺，以將屆古稀之年，猶復壯心不已，他雖未再任政府職務，但仍本著國民大會代表，光復大陸設計委員及總統府資政的身份，對國家要政，多所獻替。旋復以黨中元老的資格，受命主持中央紀律委員會，至年逾八旬，始告退休。爲黨國奔勞效力達六十餘年，眞可謂鞠躬盡瘁了。

星老除服務黨國外，對公家團體服務的熱誠也異常積極，且絕未因爲自己年高而稍爲懈怠。他既擔任華僑協會總會的理事長，對海外華僑展開很多服務工作，且籌建一座華僑會館於臺北市國際機場附近，作爲歸僑聚會之所，直至功成，然後身退。同時他還兼攝臺北廣東同鄉會理事長，也一樣地籌建同鄉會所，並率先慨捐鉅款，以作倡導。只可惜該一位於寧波東街樓高十層的廣東同鄉會所方告建成，尙待開幕啓用之前不及一月，而星老遽歸道山，未克親睹其盛。但是每一個海內外的廣東鄉親，凡是到過此同鄉會所的，誰不對星老的偉大魄力精神，深致讚佩景仰呢？

總而言之，星老生平無論對黨對國對民族，與及對社會人群，莫不付出了其深切的愛忱，也不論對事之大小，亦莫不盡其精神心力以赴事功。此所以見到他的崇高偉大，同時也就得到了大家一致的敬仰與永久的懷思。人生之所謂不朽，星老就是一個榜樣。

（民國六十七年九月）

林雲陔先生遺像

孫大總統廣州蒙難時扈從同志合影（前排右起第七人爲林雲陔先生）。

學優從政的林雲陔先生

早歲參加開國革命工作，其後又曾建樹了許多豐功懋績的林雲陔先生，是一位品德高尚，才華卓越，而又腳踏實地，誠篤質樸的賢者，大堪媲美我國古代的「循吏」。這在近代中國政壇上，很不容易多得的人物。今年適逢他百齡誕辰，謹草此文，略敍其生平嘉言懿行，以爲紀念，且表我對他的仰佩之情。

記得當民國八、九年，「五四」運動之後，我才在「建設雜誌」裡知道林雲陔先生的名字，因爲該雜誌每期差不多都登載著他所撰著或譯述的文章。我又知道，建設雜誌是國民黨領袖 孫中山先生在上海創辦的。擔任編輯和撰述的，都是國民黨中的佼佼者。其中如胡漢民、朱執信、廖仲凱、馬君武諸先生，都早耳其大名，獨對這一位林先生却很陌生，然而我料想他也必是國民黨的健將之一。而且就他所撰、譯的文章，諸如「都市與文明之關係」（歐美市制概論）、「爲民而設之都市」、「市政與二十世紀之國家」、「利用人力問題」、「萬國聯盟與帝國主義」、「民主主義爲世界和平之眞基礎」、「近代社會主義進行之動機」、「近代社會主義之思潮」、「社會主義與社會改良之現形」、「社會主義國家之建設概略」、「階級鬥爭之研究」、「孤立之日本」等篇，都看得出他是對政治、經濟、社會以至國際問題種種，都有深切的研究與觀察的博學之士，使我對他留下了很深刻的印象。

說到我之閱讀「建設雜誌」，亦有一段插曲，應該先在這裡說明的。原來自五四運動以還，一時所謂「新思想」、「新潮流」，洶湧澎湃。一般青年，尤其是大專學生們，對於當時鼓吹新思想的刋物，如「新青年」、「新潮」、「浙江潮」、「新教育」、以及「建設雜誌」等，莫不爭以先睹爲快。我那時正在國立廣東高等師範就讀，又被同學推舉，在學生會中，負責辦理「學生貿易部」的工作。該部除出售文具日用品等之外，並接受上述諸刋物的委託推銷發行。我因而得了近水樓臺之便，刋物一到，卽獲讀各刋裡的文章。各種刋物的內容，雖各有其特色和精彩的地方，但尤以建設雜誌所編列的，多是有關國家社會建設的重大問題，更値得我們的注意而用心閱讀。

上文說過，我讀了林雲陔先生的文章，對他的博學高才，至爲傾慕，但總以未知他是何許人也爲憾，因而引起我的興趣，以期獲得對他更多的瞭解。然而因我在高師念書，和後來擔任教職的期間，固很少和外界人士接觸，不久卽又奉派赴歐深造，對國內人事情形更多隔膜。而雲陔先生在那些年中，亦尚未甚顯達，一般人固不大知之。直到他出任廣州市市長，後來又做了廣東省政府主席，雖則官位已經相當崇高，但關於他的過去出身歷史種種，仍多不大了了。後來我於民國廿四年，奉國立中山大學校長余師鄒海濱（魯）先生之召，由歐返國擔任中大教授兼法學院院長時，雲陔先生仍任粵省府主席。我雖對他久已傾慕，回國後又親眼看到他治粵多年的許多良好政績。但由於大家的職務很少關連，故我亦未便前往干謁。其後於廿五年初，某一日，我突然接到由陳濟棠（當時的西南政務委員會常委兼第一集團軍總司令、字伯南）和林雲陔（省府主席）兩先生聯名的請柬，約往省府的「洋花廳」宴敍。我自然覺得十分詫異，但亦祇好應招赴宴。原來他們邀請的是我校的幾位教授，以及市內一些教育界知名之士。在這一次，我纔算初度認識了向來傾慕的雲陔先生。席間兩位主人也沒有提出什麼特殊討論的問題，祇是泛泛談些維持教育學風的事，具見他們對青年教育關切之至意。在我首次接觸到這兩位主人的印象中，覺得都十分平實，和藹可親，並沒有顯赫文武大官的氣派。

自從此次晤見之後不久，陳將軍卸職離粵，前赴海外考察，林先生亦奉調中央，接任審計部長去了。迨我國對日抗戰，我也辭去了中大教職，到中央方面工作，然後又才有更多機會和雲陔先生見面。同時，我更從久隨雲陔先生任事的謝仙庭（瀛洲，故司法院副院長）先生和李悅義（故審計部廳長、國民大會代表）學長兩位的言談中，才對雲陔先生的生平出處及其嘉言懿行，獲知較多，又從　國父全集、胡漢民和朱執信兩先生的傳記等革命史料中，更獲悉雲陔先生在革命工作上許多貢獻的事實。最近，我復得到現在臺灣的雲陔先生的哲嗣崇眞兄，把他就自己憶及的，其先翁的事蹟告訴給我。使我在寫此文，益增不少珍貴的資料。

林雲陔先生（原名「公競」字「毅爲」，但後來都很少用，止以「雲陔」之名行）在民國前二十九年（公元一八八三年，卽光緒九年，癸未）農曆正月初四日，出生於廣東信宜縣大洞村的一個書香世家。先世原居西岸，他的高祖端甫公以孝廉出宰湖南益陽、衡陽、資江等縣，甚著政聲，洊升知府卽用道，致仕乃卜居於此。乃祖乃父雖未出仕，但亦均有文名。雲陔先生幼聰慧，先就讀於姑夫茂名梁宗渠孝廉及名經師林樸山兩先生，研習經史，後更與某敎士遊，遂感科學爲致國家社會富強之要務，乃亟多方籌維，並獲叔父與姑母之力贊，負笈遠赴省垣廣州。於前清光緒末年，考入兩廣方言高等學堂就學。時革命先進朱執信先生方自日本歸，執敎於該校，見雲陔先生，認爲可造之材，相與過從日密，並邀其加盟革命。

雲陔先生參加革命後，一面在校讀書，一面立卽開始行動，設「長興學舍」以爲機關，從事秘密活動。時黨費支絀，雲陔先生乃變賣父業田產數十畝以助經費。對庚戌新軍起義之役，所助至多。辛亥三月廿九日廣州「黃花岡」之役，雲陔先生事先賃雙門底詹同文筆店之後屋，泰泉舊里一號作爲部分運械之機關。至廿九日朱執信先生與黃興先生等攻打督府，負傷退至雙門底後互相散失，朱先生卽匿避於雲陔先生處。旋由雲陔先生帶其轉藏於堂兄林伯虎家，然後又由伯虎陪送往李君佩（文範）先生家，乃得脫於清警搜捕之毒手。是年秋武昌革命起義後，各省紛謀響應，廣東亦然。雲陔先生（時已畢業於兩廣方言學堂）奉命負責粵南之高雷欽廉地區之反正任務。先生由香港赴江門轉往高州（茂名），率同志數十人入高雷道尹衙署，逐走道尹彭言孝，高揭青天白日旗。高州遂告光復，先生並被擧爲高雷都督。然先生於部署就緒後，即辭去都督職位，功成不居。時廣東全省已告光復，胡漢民先生被推爲廣東都督。雲陔先生既抵省垣，朱執信先生時負責廣肇地區綏靖事宜，邀其勷助。旋胡都督又任以省都督府秘書。既而 國父被選就任臨時大總統，選派效力革命有功，志求上進之青年，赴外留學，雲陔先生亦被派往美國深造。入希力喬士大學習政治，畢業後，并在哥倫比亞大學得碩士學位，至民國七年始學成歸國。

初， 國父率國會議員及海軍艦隊護法南下，開府廣州。旋以桂系軍閥陸榮廷、莫榮新等盤踞廣東，飛揚跋扈。國父乃憤而辭去大元帥職，率同志赴滬，一面潛心著述，一面命胡漢民、廖仲凱、戴季陶、馬君武、朱執信諸先生創辦「建設」雜誌，期以革命理論的宣傳，喚起國人的覺醒，庶可貫徹主義之施行。雲陔先生回國後，以局勢如斯，難以展負，乃先返信宜鄉間暫居。國父知之，即致電招其到滬，助辦建設雜誌事宜。於是乃出其所學，著爲文章，發表於建設雜誌，我幸而獲讀上述諸文。此外， 國父以英文寫成「建國方略」中之「實業計畫」，將其分交各同志譯爲中文。其中第四章之一部分，第六章全章及結論，均爲雲陔先生所手譯。足見其受到國父之器重和信任。迨民國九年，粵軍由閩回師，驅走桂系軍閥。 國父返粵，於十年就任非常大總統。任雲陔先生爲秘書，并兼土地登記局局長，及廣東教育委員會教育雜誌社社長。 國父旋率師平定廣西，幷進行出師北伐。又任雲陔先生爲大本營金庫部長，兼廣西銀行行長。十一年陳烱明在廣州叛變，砲轟觀音山總統府，國父蒙難。雲陔先生聞變，將金庫存款港紙三十餘萬，縫於棉袍之內，設法潛出，間關北上，遇胡漢民先生於曲江，卽偕赴贛州，把所帶庫款，交給在前線指揮的粵軍總司令許崇智將軍。據謝瀛洲兄云：雲陔先生旣將庫款交出，至午間飢欲就食，始發覺身中已無分文，只好另向朋友借貸，以維生活。那是多麼公爾忘私的行爲啊！後來許崇智將軍率軍退向東江，雲陔先生則步行赴閩轉滬，再奉 國父命到香港，協同籌畫討賊事宜。十二年各省聯軍驅走陳逆烱明，國父又自滬返粵，成立大元帥府。任雲陔先生爲廣州市市長，但他以廣州市長原係由孫哲生（科）先生擔任，不願就，祇暫爲代理，待哲生先生返，卽行辭卸。乃奉命改任廣東高等審判廳長，再轉廣東高等檢察廳長兼警監學校校長、大本營法制委員會委員等職。

國父逝世後，民國十四、五年間，共徒囂張，陰謀篡黨。雲陔先生乃棄官而致力於廣東南路黨務之督導。十六年清黨後，復出任廣州市政委員會委員長。是年冬，共黨在廣州暴動作亂，雲陔先生秘密赴香港，策畫聲討。亂平回廣州，迭任廣東省財政廳長、民政廳長、中央政治會議廣州分會委員等職。嗣再任廣州市政委員會委員長。至十八年，廣州改爲特別市（卽今之直轄市），任市長，幷兼廣東省府委員。二十年轉任廣東省政府主席，幷自兼建設廳長。至廿五年，乃奉調中央任審計部長，一直到行憲後，仍任審計部審計長。於卅七年十月，在任內因公積勞在會議席上猝然得病，不治逝世，可謂鞠躬盡瘁的了。

雲陔先生久任廣州市政及廣東省政，一切均按部就班，腳踏實地去埋頭建設，祇求對民生樂利，却絕不作誇張的宣揚。廣州市歷經變亂，市政不修，因而人有「電燈不明，自來水不清、馬路不平」的民諺。先生任市長後，便積極闢修馬路，增設公共汽車，整頓電燈及自來水廠，且又裝設自動電話，興建市立醫院，建築跨江之海珠大鐵橋（未建橋前，市民僅靠小艇渡河），增設各級學校等等，使市民漸享受近代都市的舒適生活。

雲陔先生任粵省主席，且以建設廳長自兼，蓋亦欲藉當時省中局面安定，銳意謀畫建設之故。最初以日產二百噸之水泥廠爲基礎，繼續擴充而增至日產六百噸。其後再由此逐步推廣至各種切要工業的建設，諸如：製糖廠、紡織廠、肥料廠、機械廠、兵工廠等。計在其任內所設者，共有二十八個工廠之多。使廣東省在那些年中，人民生活富裕康樂。此外，還闢建了許多條省道公路，發展交通。在民政方面，推行地方自治，成立了各縣參議會及省參議會，切實施行各區行政督察及鄉保甲制度，使全省地方翕然而安。對於教育亦極注意，除積極發展地方教育外，更創辦了省立勷勤大學，以培植人才。這些種種建設，雖然在名義手續上，係先經「西南政務會議」通過，然後交由省府執行的，但實際上關於設計規畫，以至督導實施的工作，都係由省主席負責主持的。可是由於雲陔先生只默默地幹，從不肯拿這些功勞向人炫耀，所以世人便說成這是「陳伯南建設廣東的時代」。當然，其時假如沒有陳將軍在後面一力撐持，雲陔先生縱有長才宏略，也難施展。何況廣東省自民國以來，歷受龍濟光、桂系的陸榮廷、莫榮新、及後來的陳烱明，以至滇桂軍等軍閥的蹂躪，民不聊生。自陳伯南將軍掌握著廣東兵權之後，作風大改，既已綏靖了地方，使人民安居，又能大力協導負責省政者積極建設，如此前後比較，相形之下，大家對他歌功頌德，也是很順理成章的事。然而却不能因此埋沒了實際負責工作者的功績。

迨民國廿五年，雲陔先生奉調中央，擔任審計部長。翌年即抗戰軍興，政府遷漢遷渝，軍書旁午，中央執行審計工作至難，但先生不辭艱苦，悉力以赴，釐訂法規，擴展業務。不數年間，各省的審計處，相繼成立，且在各特種公務機關，亦設立審計辦事處，復推行各機關就地審計，又舉辦各區巡迴審計，使各級財務之監督，日趨嚴密。使我國家保全財力，在抗戰期間，財政極端困難的景況，竟能渡過難關以迄勝利。論者莫不認為審政之積極推行，厥功不小。勝利還都後，各光復地區及邊遠省市審計處，各公營機構之審計辦事處，復多有增設，他抱著宏願，要以健全審計制度，協助度支，促進國家社會的建設，是故當卅七年憲政實施時，首任總統　蔣公提任先生為審計長，獲得立法院表決同意後，他即欣然就任。方當力謀審計效能的增進，以達成其宏遠目標，却不幸天不假年，至堪痛惜。

雲陔先生自早歲參盟入黨，從事革命以還，即對黨的主義，篤信不渝，力行不息。他膺選多屆中央監察委員，且曾被推為常務委員，對黨的貢獻至大，眞堪稱為一位能矢勤矢勇，貫徹始終的國民黨忠實同志。

綜觀雲陔先生一生，自其就學，參加革命，以至其後從政，敭歷中外，屢膺重寄，有赫赫之功，而不求赫赫之名，誠不愧爲一個近代的循吏。至於他的平生出處，對於用舍行藏，務全大節，絕不苟且含糊，尸位戀棧。據其哲嗣崇眞兄言：當民國廿五年初，西南粵桂軍事當局，醞釀組織所謂「抗日聯軍」的時候，雲陔先生不以爲然，常謀勸阻。當鄒海濱先生離粵赴歐前夕，曾過訪告以行止。雲陔先生謂：我以職務關係不便卽行離開，更應俟機進言相勸，以期化解，如到確不能達成時，自當離去。後來他看見陳伯南將軍仍在與桂方進行中，直至局勢已如箭在弦上，外面風聲日緊，於是雲陔先生未往省府上班，他預料伯南將軍必會到訪，乃在家靜候。某日下午陳將軍果然駕到，但於大發一陣雷霆之後，隨卽離去，雲陔先生竟無法進言，擬俟機再說。可是伯南將軍竟在 國父紀念週中正式宣布就「抗日軍總司令」職。雲陔先生至此，知不能再以言語所能爲力，乃決以行動表示，卽着伍伯勝君接洽泊在南港碼頭的英輪，並取得英領事的同意協助，於午夜登船，立卽開行。翌晨抵港後，始寫信命人帶返廣州向伯南將軍陳明去意，仍請其愼加考慮，力挽狂瀾。過了兩天，伯南將軍遂宣布下野，乘船赴港。而雲陔先生則於同日乘夜船返穗，着憲兵司令林時淸，會同公安局維持秩序。一面並飭省府同人，準備交代，以待中央派員接收。當時中央派宋子良、顧翊羣接廣東省財廳及省銀行，並請雲陔先生推薦其他廳處局長人選，但他一個都沒有推薦，只準備交代事宜而已。

雲陔先生雖任粵省主席，但深感強鄰日閥對我侵略無饜的野心，非全國團結，是無法抗敵的。因而他總認爲各方必須精誠團結，是以他不斷地致力於調協各方意見，極力促成全國政令之統一。由於這一理由，故他贊成胡展堂先生出國考察，並主張胡先生於回國時，卽原船駛滬，到中央去。從這些事實看來，在在都看出雲陔先生大公無私，對黨國的一片忠忱誠意，的確可謂老成謀國的了。

雲陔先生雖在黨國的立場上，表現其大義凜然的正直態度，但事事顧全大局，務以和諧謀國爲主。尤其他祇是對事而非對人，故他與同志、同事或朋友之間，相處至爲和洽。當抗日戰起，伯南將軍亦應邀歸自海外，入京共赴國難。政府遷渝後，且曾出任農林部長。雲陔先生與伯南將軍重相晤敍時，歡洽一如往昔，毫無芥蔕痕跡。足見他們兩位都忠黨愛國，有了不起的高度修養。

關於雲陔先生的品格操守與廉潔作風，上面曾說過他把庫款全部獻供軍需一事，這祇是其一端而已。他任廣東省主席兼建設廳長時，曾向英商訂購紡織廠設備。事成後，英商送與英金萬磅之支票，謂是回扣，他拒不肯受。該商說，此乃照國際慣例應得者，你如不受，就只是我方得了便宜罷了。雲陔先生不得已而受之，但將其撥爲留學公費，並卽選送八人赴英留學實習。民國廿年，李祿超任廣九鐵路局長，年終以港幣萬元呈上，謂係員工年終獎金之一部分，依例呈給長官者，雲陔先生又拒之，着令仍分給各工作員工，幷囑以後也應如此。李局長以此僅小數，難以再分，雲陔先生遂卽將此款轉給勷勤大學，作爲鑄建古勷勤先生紀念銅像之用。他任市長時，一次自來水廠清理水塘，送來鮮魚數尾，不受，並令其仍放回塘中。他接任省府主席，前任者原向支每月宣傳費、交際費各二萬元，先生均自行減除。但秘書長後來發覺，向來津貼各報館、通訊社，以及舉行公宴等費，均無着落，簽報請示，乃着列預算每月二千元，仍應覈實報銷。又原有汽車兩部，減爲一部，原有衛士四人，減爲一人。諸如此類，無一不足以看出雲陔先生的廉潔，這是不容易求之於今世的！

雲陔先生之所以能如此克守其廉者，正如昔賢所云：「惟儉乃可養廉」。蓋因他自己的生活，最有規律而又最爲簡單純樸的。他不吸烟，不喝酒，不打牌，家常只清茶淡飯，衣着更不講究。閒常無事，則常作小詩、小詞、對聯及寫字。但他從不示人，自謂不工，祇爲自己消遣而已。他又向不自做生日，也不向別人祝賀生日（據說：只有一次，陳伯南將軍爲其太夫人祝壽，雲陔先生曾破例前往行禮云）。兒女結婚，也從不發請柬，不受贈送禮物。這些，都是不容易做得到和學得到的。在抗戰期間，審計部遷到重慶時，雲陔先生之夫人常感腰痛，就李卓才醫師診治，診出原來是營養不足所致，囑其多吃鷄蛋，多飲鷄湯，是不必用藥的。就是由於雲陔先生及其家庭，都能習慣過着這麼儉樸克己的生活，所以使他爲吏作官，纔能做到廉潔不苟的地步，決不是偶然而致的。丁此世風澆漓奢靡之時，能得多些像雲陔先生的人物，相信國家社會能够愈益進步，世界愈易見到太平日子了。不禁馨香禱祝而企望之。

（民國七十年三月）

王雪艇先生遺照

民國六十九年三月九日，王雪艇先生九秩大慶，法政各界人士前往祝壽並合影。

我對王雪艇先生的懷慕

王雪艇世杰先生不幸於今年四月廿一日因病逝世。國凋耆宿，世仰高賢，噩訊驚傳，海內外人士莫不同聲悼惜。雪艇先生一生的德業事功，文章學術，早已彰彰在人耳目，衆所景仰，且將史册流傳，長垂不朽，本來用不着再由我多贊一詞。現在我之所以仍寫這篇紀念的小文，祇在以一個曾經在雪艇先生直接指導下工作者的身分，表達自己對這位上司長者的懷慕與崇敬而已。

我是民國二十七年在「中央訓練團」追隨雪艇先生工作的。時當我國對日抗戰，中央政府遷到重慶，定下了長期抗戰的決策。我們的最高領袖 蔣委員長，爲了加強全國軍、政、黨幹部的精神力量，堅定抗戰必勝建國必成的信心，於是在重慶設立「中央訓練團」，分期調訓各級幹部。蔣公自兼團長，團設教育委員會，由雪艇先生任主任委員。我也奉命擔任這個會的主任秘書，因而得在先生的直接指導下從事工作。所有關於教育事宜，諸如各期課程的編排，各課教師的約聘，以及訓育幹事的指派等，事事均秉承雪艇先生的指導辦理。先生無論在工作上或生活上，一向都極有規律，神態端肅而不苟言笑，眞有「望之儼然」之概。但先生對於僚屬，却又從未見有疾言厲色，總是每事愼重認眞，深思熟慮，然後指點周詳。所以僚屬們便很自然地有「卽之也溫」的感受，大家對於工作也就樂於接受他的指導，奮勉努力去做了。我追隨雪艇先生工作的這段時間不算很長，（先生任教委會主任委員不久，便調任其他要職，由副主任委員段書詒錫朋先生接任。）但我對這位上司一直留着極深刻的印象，常懷無限思慕敬仰之忱。記得去年慶祝雪艇先生九秩華誕時，我曾在賀詩中有「渝都長記託帡幪」之句，此次悼雪艇先生的輓聯，也有「卅載追維教範，私衷何限愴懷」之語，確是出自心坎中的感念，而不是泛泛的門面應酬話。

雪艇先生長我十餘歲，不論在爲學及作事方面，都是我的先進前輩。但是除了曾在「中央訓練團」，直接在先生屬下工作之外，竟難再得親炙左右，每以爲憾。不過，在一些業務有關的場合中，我仍然得到很多機會，向先生學習請教，承其不吝多方指導，亦獲益不淺，深自慶幸的。閒常又曾想及，覺得有些奇妙巧合的地方，那就是我的生平出處，和雪艇先生略有相似，如像一直跟着先生的後塵而走。當然，雪艇先生在各方面的輝煌成就，比我高出何止倍蓰？所以總是深感望塵莫及，自覺慚愧罷了。

雪艇先生是由公家選派赴英留學，後轉法國巴黎大學專研憲法。學成應聘歸國，任北京大學教授，後來還當過武漢大學校長。我也是由公家選派赴法，先在里昂，後亦轉到巴黎大學，成爲雪艇先生的後學晚輩。畢業後，在日內瓦國際聯盟秘書廳服務了數年，又奉召返國任國立中山大學教授並兼法學院院長，擔負過部分的大學行政工作。其後雪艇先生轉入黨政機關，歷膺重任。抗戰開始，我也辭去了教職，轉到黨政機構從事工作。雖僅在上述的中訓團中，才擔任雪艇先生的屬僚，但所歷其他各項任務，却也有不少跟先生負責部門的業務性質相同者，祇是論地位彼高我低，論時間彼先我後而已。諸如先生任軍委會的參事室主任，我也曾奉派做過軍委會政治部的設計委員。三民主義青年團成立，先生出任團的中央監察會的書記長，我則是團中央幹事會常務幹事之一，而且還做過中央幹事會副書記長。先生任黨中央宣傳部部長，我則是青年團中央幹事會宣傳處處長。抗戰勝利復員後，國家積極籌備實施憲政，首先舉行「制憲國民大會」，雪艇先生和我都被選爲制憲的國民大會代表。到正式行憲時舉行的全國大選，雪艇先生當選爲第一屆國民大會代表，我當選爲第一屆立法委員，大家都成爲中央民意代表之一。共匪叛國作亂，大陸風雨飄搖之際，先總統　蔣公引退，雪艇先生亦辭去政府的外交部長職務，追隨　蔣公左右，任總裁辦公室顧問，輔弼籌維。而我則奉命接任中央黨部秘書長，偕同黨部同仁由京而穗，而渝，而蓉，到處播遷，最後才抵達臺北。記得當我到臺之日，雪艇先生一見卽備加慰勉，並說：「看過了你許多電訊報告，詳知你們在跋涉中艱辛工作的情形。」迨先總統　蔣公復職，雪艇先生任總統府秘書長。接着不久，我也參與政務工作，奉命接掌僑務委員會，後來調任司法行政部長，這個職位，原來也和雪艇先生早我四十餘載，於國民政府奠都南京時所任的法制局長，性質略同。

雪艇先生離開總統府之後，隔了十多年，我也奉調到總統府任副秘書長。至張岳公退休時，且奉命接任秘書長，又是步着雪艇先生的後塵了。諸如上述這些經過，眞好像在先生後面有一條長長無形的線子，引導着我走似的。還有一事，當我首次奉召在武漢晉見領袖 蔣委員長時，我還記得也是由雪艇先生和甘乃光、李惟果兩先生在領袖之旁陪見的。誠屬一種很奇妙的巧合。

我在前面說過，關於雪艇先生的功業道德文章，已是人所皆知，且有很多記述了。先生早年所著「比較憲法」一書，不但是我國當時這類著作的空前鉅構，爲國內各大學採用的教本，直至今日，此書仍不失爲權威的典籍。我早年卽曾拜讀過了。近年因爲研討「五權憲法」問題，蒐閱了更多有關憲法著作，尤其對雪艇先生這部傑作，再加研參，益覺其體大思精，文辭茂美，獲得很多令我觸類旁通的啓示。雪艇先生對是書的編寫，採取把各種憲法的理論與實際，以問題而非以國家分，這是非常恰當的。因爲國別很多，而近世各國變化又大，甚至國體制度亦有根本改變的。若以某國憲法來講，極難詳盡適切。而此書就問題來分析比較，却令讀者易於瞭解。再者，雪艇先生於此書在民廿五年三版時，增訂我國制憲史及有關資料，更足資參考，所以至今仍不失爲學者愛讀的好書。就我研讀憲法問題一事而言，也可以說是隨着雪艇先生的後塵學步之一端。所以順筆在此一提。

雪艇先生由於生活向甚簡樸而有規律，故其身體健康，精神矍鑠，雖屆耄耋，猶很健壯，近一兩載始稍呈老態。當先生去年九秩大壽，親友們登堂祝嘏，見先生雖因步履微艱而坐輪椅之中，但精神仍甚良好。今年三月一日九秩晉一壽誕，我曾趨府道賀，先生仍然叫我旁坐少談。方謂如此，定然可臻期頤。殊不料時隔月餘，先生竟遽然永逝了，能不使我愴念懷慕！

（民國七十年六月）

張發奎將軍遺照

張發奎將軍（站立者）在抗戰勝利後與故總統蔣公合照。

民國六十一年九月廿五日，張發奎先生返國至總統府由本書作者（時任秘書長）陪同晉謁嚴副總統時合影。

民國六十八年十二月廿七日，張發奎先生伉儷，應本書作者之邀，在寓所聚餐後合影。

敬悼『鐵軍將軍』張向公

「鐵軍」善戰舉世同欽

一代名將張發奎向華先生，不幸以心臟病猝然逝世香港，噩耗驚傳，海內外無不同深悼念。向華先生早歲參加革命，列身戎行。其彪炳戰功，威震中外，名彰史册。今已克盡了對黨國的責任，且以八四高齡安然逝世。就他自己個人而言，固已毫無遺憾，但丁此赤禍滔天，大憝未除，神州未復，萬方多難，遽然凋喪這一位元老宿將，則誠是國家的無限損失，怎不令人悲慟莫名！我曾輓以聯云：「百戰奠山河，大將高功光史册；一心維黨國，萬方多難念耆勳」，完全是一時觸發的我對他景仰懷慕之情。

向華先生在國民革命軍北伐初期，卽以驍勇善戰的赫赫威名，著稱於世。他率領的第四軍第十二師健兒，以寡敵衆，擊潰了吳佩孚的主力，攻克汀泗橋，奠定了長驅直進的勝利基礎。向華先生旋晉陞第四軍軍長。當攻下武漢，擧行慶祝會時，當地民衆曾以廢鐵鑄成一只盾牌，送給第四軍，因而第四軍亦就被世人美稱之曰「鐵軍」，鐵軍軍長張發奎的大名，也響遍了世界各地。其時我正留學法國，常在法報中看到鐵軍張發奎部節節勝利的捷報，而且連外國同學知我是廣東人，見面時亦常竪起拇指，大讚廣東鐵軍了不起。使我對張將軍仰慕至極，却恨未曾獲瞻風采。但可喜幸的，就是我的胞叔軍凱，那時正在張將軍的麾下任連長。後來從家信中，知悉汀泗橋之役，家叔正是負責進攻的先遣部隊，雖對戰役經過未得其詳，而捷訊陸續傳來，我也似有莫大光榮之感。

「大王」其號閭閻不驚

向華先生知名甚早，他飲鐵軍將軍美譽之日，纔剛過「而立」之年，他在軍中資格老，聲望隆。一般久任教師的，人家說他「桃李滿天下」，將軍則可說得起「部屬滿天下」，因此，人皆尊稱之曰「向公」。又因他早年曾奉命收編數百土匪，任營長，把那羣三山五岳人物，帶得成爲很像樣的一支軍隊。但同僚却戲呼之爲「山大王」，後來甚至其部下，亦有在背後跟着稱之「大王」者，故「張大王」之名，也普遍地傳開了。有些同輩老友或新聞記者之類，偶而當面亦以「大王」稱之。他性情豪邁直爽，也笑而領之，絕不以此爲忤。我因家叔係其直接部屬，在書信上及閒談中尊稱其爲世伯，但有些場合中亦隨衆稱之曰向公，所以下文也就簡稱「向公」了。

共赴國難忠藎精誠

我雖久已欽慕向公的德業事功，但可惜未嘗有機會直接追隨他作事。當我國抗日戰爭中期，我奉派任廣東省政府秘書長的職務。廣東省府原也在向公所任的第四戰區司令長官轄下，而且長官部原亦設在廣東省府所在地的曲江。但當我於民國廿九年冬到達曲江時，第四戰區的長官司令部已移設於廣西柳州，負責指揮桂南方面的作戰。曲江則另設第七戰區，由原第四戰區余副司令長官漢謀（幄奇）升任第七戰區司令長官，廣東省府也改隸於第七戰區範圍了。因此我只能在向公偶爾因公蒞臨曲江時，晉謁致候而已。迨抗戰勝利，向公揮軍回旆廣州，接受日本華南派遣軍司令田中久一的投降，旋奉命出任國民政府主席廣州行轅主任。當時我服務中央，有一兩次由京返粵，亦曾至行轅謁候。行憲開始，向公以國民大會代表赴京開會。我因工作關係，與向公也每有接觸，然而上述這些晤見的時間都甚短暫，實在沒有機會作深長的敍談。大陸陷共後，我隨政府播遷來臺，而向公則隱居香港，更鮮會晤。直至民國六十一年，向公鑒於世界局勢風雲譎幻，美總統尼克森竟赴訪大陸匪區，日本田中內閣又搶先承認匪僞政權。他認爲我全國必須團結一致，共赴國難。嗣又聽到先總統 蔣公政躬違和，乃由港專程來台探視，並即在臺北定居下來，時或返回港寓，照料港中事務，往返跋涉，不以爲勞。六十四年四月， 蔣公逝世噩息至港，向公更立卽來臺奔喪弔祭。而且當他匆猝趕到中華航空公司搭機時，航空公司見其所持入境證已過期限，不敢貿予機位。向公乃對他們曉以大義，並且說明願代他們負擔一切責任，卽使抵臺後被拒入境而返回香港，他亦算盡了自己對 蔣公的一片忠誠而甘心。航空公司人員受了他的感動，也就給他劃了機位，一面電告臺方。於是由國民大會等機構派員趕往機場，替他補辦入境手續。向公一下飛機，便卽前往先總統 蔣公靈前鞠躬敬奠盡禮，充分表現其對 蔣公忠誠虔敬的心事。向公自來臺定居之後，我因服務總統府，乃得較多機會和向公晉接，承他給我很多鼓勵和勗勉，而他對家叔軍凱這位老部下，關懷備至，一片深厚的人情味，至足令人感銘五中。當我以往尙未見過他，親接其言論風采之前，想像中總以爲必然是一個威猛嚴肅凛不可犯的人物。可是晤談以後，深覺他不但沒有官架子，更看不出他有半點赳赳武夫的模樣，而且待人親切有禮，言談爽直而富有風趣，只是令人覺得藹然可親。而且他的個子既不是魁梧奇偉，又無凌厲之氣，不識者那裏想得到他竟是一位戰功彪炳、威風八面的大將軍呢？關於向公的生平種種，由於我相從日淺，自己親炙見知的實在不多。但因家叔以及許多朋友和同寅，都曾是向公麾下舊屬，故亦每從他們口中，常常聽到道及向公的嘉言懿行。

據說，向公自十五六歲的少年時，卽懷抱遠大的志向，從其故鄉粤北始興前往廣州。初考入設在增步的工業局當學徒，旋復毅然投身軍旅，並加入國民黨的革命行列。值廣東陸軍小學招生，他乃投考獲取，畢業後復被保送武昌第二軍事預備學校。但在民國五年，他因志切參加討袁革命行動，且由於當年 國父左右得力助手朱執信先生之邀，卽輟學隨同朱先生奔走各地，擔任聯絡及運送械彈等工作，備極危險辛勞。到民國九年，桂系軍閥莫榮新等盤據廣東， 國父及朱執信先生等都已去了上海。向公乃赴閩省，投入革命部隊粤軍第一師鄧仲元（鏗）的幕下，初任幕僚，後當營長。粤軍回粤驅走了桂系軍閥之後，民國十年 國父亦由滬返粤，就任非常大總統。在總統府成立警衞團，由原第一師的參謀長陳可鈺出任團長，向公也被調任爲該團的第三營營長。

國父於民國十一年平定桂省後，卽出師舉行北伐，警衞團亦參與北伐行列。當北伐大軍出發至粤北贛南間時，因陳炯明陰蓄異志，對北伐大業諸多掣肘阻撓，致令前方部隊補給困難。 國父乃親回廣州坐鎭籌劃。不料陳炯明竟冒大不韙，有炮攻總統府的犯上作亂之擧。 國父蒙難於永豐艦中，後脫險赴滬，策劃號召各方討賊。陳逆爲欲消滅前隨 國父北伐尚留在粤贛邊境之部隊，便嗾使逆部北上追擊，時向公之營在始興，因對逆部作戰劇烈時與大隊失去聯絡，未能隨同大隊撤向東江，乃退入附近一帶山區打游擊，過著有如「山大王」的生活。向公每和部屬閒聊，談及這一段往事，便笑著說：「人家常呼我『山大王』，那時儼然變成眞正的山大王了。」可是，話雖如此，他却嚴予約束部下，秋毫無犯，固不像一般土匪的打家刼舍，反而和當地民衆，相處得十分融洽，獲得很多協助。使陳部叛軍，莫奈之何。不久，粵湘滇桂各路討賊大軍反攻，克復了廣州。向公乃率部回來歸隊。十餘年後，我偶爾往遊曲江南華，還聽到當地人士，津津樂道「張大王」這段事蹟。

治軍三禁將士用命

據家叔軍凱說：向公所部的軍風紀極爲嚴厲，在其任第四軍軍長時，曾頒令三禁，不准逃亡，賭博及嫖妓，犯者嚴懲。戒令一下，人莫敢犯。蓋因他平時待部屬最爲關懷愛護，有如父兄之對子弟一般，故大家亦敬之愛之，甘受其約束。是以第四軍戰必勝，攻必克，破敵如摧枯拉朽，號稱鐵軍者，皆由將士用命，並非偶然倖致的。至於向公對其長官的尊敬有加，亦至難得。上文說過他對先總統　蔣公的一片忠誠崇敬之情，便見一斑。家叔又說：北伐初期，第四軍軍長李濟琛留守廣州，由副軍長陳可鈺率領第十師陳銘樞部及第十二師向公之部出發，後來陳副軍長因嚴重肺病，回粵醫理調養。向公亦已因戰功升了第四軍軍長。由於陳公是向公的老上司，同時又是深得其提拔的，因此向公對陳公執禮至恭，卽在戰事緊張軍書旁午之際，亦不忘對陳公病體的關懷，時致慰候。在對民衆方面，向公確能實踐了革命軍隊和民衆相結合的信條。過去在軍閥跋扈橫行時期，軍行所過，動輒强拉民伕及强迫地方紳商籌餉，使民衆畏之若洪水猛獸。向公則嚴令部屬，不准强行拉伕，不准就地籌餉。這樣一來，民衆不特不覺得革命軍可怕，反而覺得可愛，乃自動的樂與合作。關於行軍運輸，固然得到很大的方便，對敵情偵察，也獲得更迅速確實的消息。帶着這支建築在民衆基礎之上，得到廣大協助而訓練有素的革命軍隊，當然也是向公克敵致勝一項重大原因。

指揮若定上蔡大勝

向公帶兵作戰數十年，南征北討，安內攘外，先後由他指揮的大小戰役何下千百次？其赫奕輝煌的戰績，自非我所能詳。而且在官方的戰史上，也一定有所記載。在這裏我只就其最出色而又爲其親朋熟友所樂道的，略說一二。在世人的心目中，上面說過的汀泗橋之役，自然是很值得大書特書的。但據說，向公自已認爲最得意而又有趣，每常對人樂道者，却是民國十六年對奉軍鏖戰於河南上蔡之一役。當時革命軍打敗了吳佩孚和孫傳芳，已經平定了長江以南諸省，方再乘勝大舉繼續北伐。北方軍閥以奉軍張作霖爲首，聯合了吳、孫等殘部暨張宗昌、褚玉璞等部，分路向革命軍反撲。更以奉軍的主力十餘萬，由張學良率領，自鄭州沿京漢路(後改稱平漢路)及兩側南下，欲攻取信陽以直下武漢。向公時任京漢線前敵總指揮，率同第四軍及第十一軍入豫迎敵。第四軍在上蔡與奉軍精銳富雙英部遭遇，激戰旬餘，互不相下。以兵力及武器裝備言，奉軍均較優，且地屬平原，無險可據，守禦較難。至最後接戰的那一天，自晨至暮，鏖戰竟日，第四軍傷亡慘重，漸形不支（家叔軍凱亦於是役腿負重傷）。有請下令撤退者，但向公堅持不准後退，並嚴令在後面的預備隊伍火速上前增援。部下向來絕對服從，只得拚力死戰。原來向公也已覺得不容易再戰，但見時已黃昏，若一退步，敵軍掩來追襲，結果將不堪設想。故想藉後隊增援，挨至天時入黑，然後逐步拔陣後撤，俾可減少損害，保全較多。殊不料即在此刻，竟看到了奉軍急忙後退模樣。向公立命發號衝鋒，全軍創病皆起，向敵勇猛追擊，一直追到周家口，於是把奉軍最精悍的第十一軍全部俘獲，連其悍將富雙英亦被生擒。這役之勝，確有點出人意外，連向公自己也感到狐疑莫釋。聽說幾年後向公曾與張學良相遇於海外某地，大家談及此事，張學良問向公當時何以堅守不退。向公說：我原要支持到入黑即退，但你們却爲什麼先撤走呢？張學良告訴他：因爲接到馮玉祥部隊已經東出潼關的報告，深恐鄭州有失，後無退路，故急令後撤，同時還預料你們經過鏖戰多日，傷亡纍纍，已無追擊的能力，怎知道你們却這麼勇猛，使我們吃了大虧，幾乎一蹶不振，不得不撤回黃河以北了。聽了向公憶述的兩張這番對話，使我們瞭解得到，奉軍之急退，縱使還有其他原因，但假如當時不是向公那樣指揮若定的堅持不動，屹立如山，而把兵先撤的話，則其後果如何，恐怕是適得其反了。由於這一仗，把奉軍最强悍，在北方也有鐵軍之稱的富雙英都活捉了，使那些北方軍閥聞革命軍之聲而喪膽。張宗昌、褚玉璞等固不堪一擊，就是最倔强的張作霖，也都在各路革命大軍尚未會師北平，即倉皇棄城出關，竄回東北老巢去了。張作霖在途中皇姑屯被日人陰謀炸斃，而張學良跟著便在東北易旗，宣稱歸政中央，完成了全國統一之局。因此說上蔡之戰，繫乎整個局面成敗的關鍵，實在並非誇張之言，怪不得向公認爲得意之作。而向公談來只是覺得有趣，却沒有以此自矜之意，更足見其坦白眞誠之可敬可愛。

擊退日寇克復南寧

在對日抗戰期間，民國廿六年八一三淞滬戰發，向公出任淞滬方面的右翼總指揮率部據守浦東一帶。廿七年秋冬間保衞大武漢之役，向公任第二兵團司令官，率部據守長江南岸自九江迤西之線。敵俱未敢向向公所守陣地正面侵犯。廿八年向公出任第四戰區司令長官，負責兩廣地區對敵作戰。先是日軍於廿七年冬侵陷廣州，欲打通粵漢線，以隔斷我東西兩截，不能相應。却被我阻阨於粵北而未逞。廿八年底敵又登陸欽州灣，侵陷廣西南寧，企圖進窺雲貴，以拊我抗戰後方根據地四川之背。向公奉命調桂，坐鎭柳州，指揮各軍，與日敵浴血大戰於崑崙關一帶。卒將敵勢遏阻，盡殲其主力坂垣師團，克復南寧。驅使日寇退走，其後卽不敢再犯。這也是向公的一件得意之作。

回國定居欣讚中興

向公愛護黨國，情至殷切，故對反共復國基地臺灣的情形亦至關心。他自返臺定居之後，每有機會卽偕人前往各地參觀考察。當其看到各項建設的突飛猛進，而民衆皆樂業安居，生活舒適，認爲我們復國建國必勝必成，確已顯出了最光明的前景，極感欣快。因此他對前任行政院院長今總統經國先生之積極推動建設的精神魄力，以及其不辭勞累，經常深入民間，痌瘝在抱的愛心，深致敬佩，常在人前讚不絕口。向公爲了促進海內外全國同胞之團結精誠而回國定居，眼看年來國人團結奮發自強的現象，喜慰無已，尤其對海外華僑愛國反共的熱誠，稱揚至再。他一向重視海外僑胞，以前他數度環遊海外各地，所到之處，無不竭力鼓舞華僑，勗勉華僑協力建設三民主義的新中國。各地僑胞們亦對向公十分崇敬，他行踪所至，無不獲得僑胞們的熱烈歡迎。近年向公年邁，未再外遊，但仍關懷華僑情況，每常向我詢問及之。他並說，華僑是復國建國的一支鉅大力量，我們必須盡力愛護華僑，緊繫僑心，爭取僑力，千萬不宜大意，以免共匪的統戰陰謀得逞。

人天遽隔永懷典型

向公帶兵，對部下寬嚴相濟，恩威並施，上已經敍及。他尤極富念舊之情，時時對昔日僚屬多所照顧。當匪陷大陸時，有些嘗在他幕下做過記室的文職部屬，違難香港，生活發生困難。他便籌資和人合作，辦了一所學校，又辦了一家晚報，俾他們都得一枝之棲。後來他所出的資金差不多花光了，而那些部屬也都各自有了謀生出路，才把學校和報館結束。又家叔軍凱，去秋年屆九秩。生日之前，向公即提議爲家叔祝壽，並說他樂意領銜署名發起。但家叔以國難猶殷，避免鋪張，固辭不敢接受。然到時向公雖因事留港，却特題就賀詞，派人代表親臨祝賀。盛意殷拳，感篆何已。

最近向公由臺赴港之前，適值粵劇名伶新馬師曾鄧永祥兄，亦由港來臺義演，他們也是相熟的。我曾請向公及張夫人，鄧永祥兄伉儷等，同到舍下，便飯一敍。餐後並共攝一照以留紀念。人天隔不幾日，向公便已赴港。我想，這張照片，或可能是向公在自由中國最後的一張遺照了。人天遽隔，愴懷何堪！環視國內，在北伐初期的高級將領中，迄猶健存者不多，而向公便是其中之一。其在軍中資望之隆，有如魯殿靈光。今向公不幸遽爾凋喪，誠有大樹飄零之感！豈獨其疇昔袍澤僚屬，慟悼莫名？凡我國人與乎舉世知者，當亦同深悲痛，永懷不盡。我忝攀世誼，感念長者，情何能已？玆謹就所知關於向公的令範嘉謨，並摭拾平生得意一二事，寫此以誌我敬仰懷慕之忱。

（民國六十九年五月）

民國卅四年抗戰勝利還都時，余漢謀將軍隨
侍　蔣委員長攝於南京陸軍官校官邸。

民國四十七年六月一日，本書作者任僑委會委員長時在僑園與余漢謀先生合影。

悼念余幄奇上將

一、恂恂儒將、如沐春風。

一級上將余幄奇漢謀先生於民國七十年十二月廿七日下午二時半病逝於三軍總醫院。老成凋謝，朝野同哀！

余上將軍粤之高要人，民前十六年生。父起鵬公，號雲樵，博洽通儒，關懷世局，訓勉兒曹，獻身革命，報效國家，故幄公弱冠卽專心習武，終身服務軍旅，而成一代之名將。

「嶺海盤紆氣鬱蒼，向來靈傑重南疆，韜鈐咸識孫吳富，鼙鼓常思頗牧將。六秩逢辰心益壯。九州洗甲運民昌，開軒一晉延齡飲，有醴還騰桂子香。」

這是張岳軍先生在幄公六秩華誕時書贈的一首壽詩，正可代表朝野人士對幄公德業的推重。

彥棻由民國廿九年八月起至三十二年五月止，擔任廣東省政府秘書長，差不多有三年時間，當時幄公任第七戰區司令長官，李伯豪漢魂先生爲省政府主席。幄公雖非頂頭上司，亦當是間接長官，我除了間因公務獲承其指示外，還在若干場合，得親其謦欬，眞的受教不淺。自政府播遷臺灣以後，幄公居於北投奇岩路，角巾私第，自牧謙沖，正如其幕友謝崧擧先生所說，過着：「種菜未容終老去，賭棋時約故人來」的生活。彥棻雖因公務繁忙，未能時趨聆教，但過從則較前密切，在此一恂恂儒將的面前，每有如沐春風之感。

二、平凡偉大、氣量恢弘。

太公論將：「武王問太公曰。論將之道奈何。太公曰。將有五材十過。武王曰。敢向其目。太公曰。所謂五材者。勇、智、仁、信、忠也；勇則不可犯。智則不可亂。仁則愛人。信則不欺。忠則無二心。」(見姜太公六韜)

我們以勇、智、仁、信、忠五材來刻劃幄公的本質風格，眞是恰到好處。幄公之所以成名將，絕非偶然。綜幄公一生，在學業上，他由黃埔陸軍小學畢業，湖北陸軍軍官第二預備學校畢業，而至保定陸軍軍官學校畢業。在事業上，他由少尉排長、上尉連長、中、少校營長、上校團長、少將師長、中將軍長、總司令、上將綏署主任、副司令長官、司令長官、陸軍總司令，而至一級上將。幄公在溫厚慈祥中見其勇；在聰明內蘊中見其智；在恩威並用中見其仁；在矢勤矢勇中見其信；在獻身國事中見其忠。

我發現幄公有幾點異乎常人的長處：

第一、在平凡中見其偉大：他沒有一般軍人最易染上的個人英雄主義，他不偏、不激、不驕、不傲，他居於衆人之中若一慈祥的長者，但深觀之則英氣蓬勃，自然而知是一位領導的將才。

第二、在事業上見其守分：幄公一生服務軍旅，未嘗一分一刻擔任政務，充份嚴守軍人的本分，且對負責政務的同志特別推重尊敬。民國二十六年三月廣東省政府主席黃慕松先生逝世，幄公所致輓詞，對黃先生推崇備至，足見其重視主政人士的風度。

第三、在家族關係中見其修養：幄公雖爲一軍人，而博學能文，對中國傳統文化的認識，尤爲深厚。幄公兄弟十二人，乃叔伯兄弟同排，幄公行九，榮辱與共，和睦相處。中國家庭三代、五代同堂容易，而伯叔兄弟結成一體則罕見。此當繫於幄公深厚的家庭觀念，發揚了中國文化的倫理精神。

第四、在人際關係上見其氣量：彥棻在廣東省政府服務期間，深知戰時政務複雜，尤其各部門分工合作，不易做到恰如其份，人和而後政通，相反者則亂。幄公當時身任戰區司令長官，統領戰區內文武百僚，負調和人事督導百政之重任，實頗費工夫。但因其氣量恢弘，襟懷廣闊，乃能致祥和，融情感，做到上下和洽，團結合作，而使黨、政、軍工作順利推行。

三、往事浩如煙、海角寄傲嘯。

幄公家庭溫暖，兒女成材。與德配上官德賢夫人，係於民國十二年結婚。德賢夫人為幄公同學上官雲相先生之妹。幄公六秩華誕，上官雲相及雲明先生，率子姪賀詩曰：

「同學敵萬人，翩翩各年少。立馬萬里心，報國三尺鞘。相期元不薄，倚劍一遠眺。尊酒遙為別，利鈍非所料。君揚龍虎威，余亦犬馬效。江山雖阻絕，所幸本同調。沙島掣長鯨，萑苻息羣盜。引任夷夏防，獨嚴春秋教。恩威洽鄉情，江風曳大纛。有妹侍巾櫛，我甥幾跨竈。嶺南薢苢餘，惻惻轉微笑。往事浩如煙，海角寄傲嘯。荏苒俱白頭，月圓華四照。」

雲相先生對幄公之推崇，在詩中可見。「我甥幾跨竈」，當是指幄公的公子國棟、國樑及女公子肇文了。國棟世兄為美國密西根大學機械工程碩士、國樑世兄為美國密西根大學土木工程碩士、肇文世妹為美國賓州印麥拉特學院英國文學學士，媳、孫多人亦均學業有成，足見教育有方。

幄公近年雖多臥病，但與親友敍談，仍以國家大計為重，近更注意國內經濟之發展，其愛國情操，始終不減。其哲嗣國棟在幄公治喪委員會中，曾對與會人士訴其心聲。他說：他們雖謀生異鄉，但身在海外，心懷祖國，並常以不忘鄉邦告誡兒女。

幄公一門忠純，對國家貢獻偉大，彥棻忝在鄉末，敬撰此短文，以示懷念、哀悼和崇敬之摯意。

（民國七十一年一月）

民國十一年一月二日，國民黨廣西支部成立時與
國父合影（前排右第一人爲鄧家彥先生。）

鄧家彥先生（右二）於民國四十四年與詩友合攝於
台北新公園。

民國廿三年三月十五日，新任國民政府委員就職攝影。（前排右起依次爲孫科先生、鄧家彥先生、林子超先生。）

題海天明月圖
映冬先生雅屬
鄧家彥

鄧家彥先生詩墨原蹟

鄧孟老的宏範高風

一、前言

早歲參加同盟革命開國的元老鄧家彥孟碩先生，於民國五十五年，以八四高齡逝世臺北，迄今十有餘載。但是他的嘉言懿行，宏範高風，却長留在世上，給予後輩作爲效法的楷模。

二、山水鍾靈　書香門第

孟碩先生於民國前廿九年卽清光緒九年，出生於素以「山水甲天下」著名的廣西桂林，其家庭又是一個世代書香的門第。他的曾祖父培綬公是全省考試中式的舉人，祖父錫疇公更是全國考試登第進士，再經殿試選入的翰林。他的父親慶森公雖未獲得科舉上榜列名，却也是飽學之士，設館授徒見重於鄉黨。孟碩先生在這種優良環境下孕育出來，自幼卽聰慧韶秀過人。但不幸的，十二歲卽喪父，家務惟賴寡母支撐。然先生勤敏好學，先後就讀於桂林培風書院及體用學堂，成績優異。他在校中，曾讀過王船山的「黃書」「噩夢」及譚嗣同的「仁學」等書，深受刺激。時值滿清政府積弱不振，外交失敗，作戰屢挫，于是「變法維新」之說甚盛。先生受此風氣激盪，思想言論自更不免常露贊同革新之傾向，却因而遭到校方記過的處分。

三、高飛遠走　尋求新知

孟碩先生少具大志遠圖，認爲長此在里就讀，實難展其抱負。其時纔十七歲，卽約同平素志同道合之同學馬君武，聯袂遠赴廣州，再轉到澳門，就讀於儲才學堂，蓋爲異日前往國外深造的準備。但因費用昂貴，雖刻苦節約度日（馬君武先生曾在一次演講中說及，他們當年因經費短絀，身邊留着些許回鄉旅費又不敢花用，每天僅以幾條香蕉作餐充飢），卒於無法繼續讀畢，乃輟學返回桂林。後以四叔祖錫元公在湖南，遂往依之，旋又轉往四川依其五叔鴻儀公。由於他發奮力學，卽考取四川高等學堂的留學預備班，至是始奠定了出國留學的基礎。兩年後，他就前往日本東京深造。

四、留日菁英 革命健將

孟碩先生之留日是自費的，但家中却無法負擔。他雖有一位在日的姊夫謝君照應，而他仍以寫稿賣文自給，且其日語流利，常為國內赴日考察者充舌人翻譯，故收入較多，尚可分潤些微，接濟境況較差之好友。

光緒卅一年（民前七年）他廿二歲時，適 國父由歐抵日，籌組中國革命同盟總會。先是，前此由於聯袂至澳門之總角好友馬君武，亦已來日留學，且常撰文刋於當時風行由梁啓超所辦之「新民叢報」，在留學界中頗有名氣。一天，馬告知他革命大家 孫逸仙先生將抵日，越數天，馬更偕隨 孫先生同到他居住的神田區「明光舘」旅舍，給他和同住的人介紹相識。當晚 孫先生並留宿該舘，和他們談論革命道理，並講平均地權的問題。他們都非常贊成 孫先生的主張。

不久同盟會組成，會中除設總理由衆推請 孫先生擔任外，下設執行、評議、司法三部，均由記名票選。孟碩先生卽被選為司法部長。（執行部長為黃克強（興），評議部長是汪兆銘，秘書長則為馬君武）。據孟碩先生自己說，他之被選，可能由於他早先曾和黃復生、吳鼎昌等十餘人，結成了一個沒有名稱也沒有領導人的小團體，同時與「成城學校」學軍事的朋友們也多少有些關係。這不過是他的自謙之詞罷了。其實我們知道，其時加盟者，都是卓越有爲的志士，孟碩先生若非已經是衆所刮目相看的一位傑出人物，是不會被推選出來當此重任的，同時總理又派他兼任同盟會廣西分會的會長。從此之後，孟碩先生便成爲革命陣營中一員健將了。

五、返國活動　險遭虎吻

同盟會成立未幾，爲了要積極推動國內各省的革命起義，衆議認爲他是由四川高等學堂出來的，對四川情形熟悉，同時，原來在川負責工作的熊克武和但懋辛兩同志，又都到上海辦「中國公學」去了。因此推他入川主持。於是他由日返國入川，以成都中學和隆昌中學教員的身份作掩護，一面暗中宣傳革命，一面發展組織，成立了同盟會的四川分會，吸收了許多知識分子加盟，如楊滄白等便是其時加盟的。

由於孟碩先生的大力推動，聲勢浩大，却被當時四川總督滿人錫良聞到了風聲，震驚不已，遂下令要把他拘捕。幸而孟碩先生機警，還得到了許多同志的掩藏協助，終於逃出了虎口，間關回到日本去了。

其時黃克強先生負責在廣西越南邊界的鎭南關起義，　總理孫先生也準備到前線親自指揮作戰。以孟碩先生爲桂人，且是廣西的分會長，乃派他返桂，從事聯絡駐在桂省的部隊及各地民衆策應。旋因鎮南關戰事失利，策應工作也就停頓下來了。剛好那時廣西也有考選官費留學生之學。孟碩先生也去報名參加考試，獲取錄後，即赴美入伊利諾州大學深造，研究鐵路工程。時為光緒卅四年，即民前四年的事。

六、矢志革命 勇於擔當

孟碩先生留美數年，除讀書研究外，並對留學生及華僑們宣傳主義，策勵革命，不遺餘力。至辛亥武昌起義後，他立即回國，期以所學貢獻於建國工作。既抵國內，他膺選為國會議員，在議席上，讜言錚錚，曾提否決定都北京而以南京為首都之案。故雖未立即南遷，而任黃興為南京留守，即緣於此。他又在上海創辦了「中華民報」，竭力宣傳，鼓吹共和以及 國父所倡的三民主義，對袁世凱蓄意篡竊民國陰謀，予以揭發。及至袁刺殺了宋教仁並向外國借款對南方用兵，先生更大加抨擊聲討，因觸袁忌而被繫於上海獄中半年。他在滬辦報期間，大概也是以鐵路工程專才，被 國父孫先生羅致於「中國鐵路總公司」裏任事的。因他在其「黑獄生涯」文中曾述及巡捕房有一偵探，亦曾服務於鐵路公司而認識孟碩先生的。可惜此一鐵路公司之設立，僅是袁氏敷衍 孫先生的手段，實毫無建設國家的誠意。故所有計畫均遭擱置，無法進行。致使 孫先生之構想無從展布。而孟碩先生亦未能展其所學了。有人問他何以不逃避而被捕！他答曰：「我當然有很多避開羅網的機會，但大丈夫做革命，要有擔當耳。」可見他是何等氣概。孟碩先生於民國三年春出獄後，便再赴美繼續求學，入哥倫比亞大學，修讀政治經濟。但至民國五年，見袁氏果篡國稱帝，他又隨同黃克強先生返國，從事討袁的革命工作了。民六護法之役，他到粵勷助國父，他曾想以籍屬廣西的關係，說服據粵的桂系軍閥陸榮廷，使其歸附於革命的陣營，却未能如願。

七、宣傳報國　反共先鋒

國父既離粵赴滬，他也就於民八前往北京，與美人波爾創辦中美通訊社。北洋政府對日借款及簽訂賣國條約等消息，就是由該社發表，因而引發各地之學生愛國運動的。

到了民九，粵軍驅走了桂系軍閥。民十　國父開府廣州，就任非常大總統。孟碩先生亦隨同至粵，先任國民黨廣州特設辦事處宣傳部長，恭請　國父宣講三民主義，以加強對民衆的教育，增強革命的力量。旋任最高會議十參議之一及國民黨廣西支部長，勷贊平定桂省籌劃北伐。十一年，卿　國父命赴德國，商與該國合作。惜甫在旅途中，值陳烱明叛變，　國父蒙難，以致任務未及達成，他乃羈留歐洲年餘。十三年中國國民黨改組，孟碩先生被選爲第一屆中央候補執行委員。　國父北上，電召孟碩先生回國。他深感共黨猖獗，曾上萬言書痛陳容納共黨之害。但却爲親俄分子所遏阻而未能達於　國父手中。更不幸的是　國父北上途中卽得病，到北平一病竟不起而逝世。他終沒機會向　國父面陳一切。

共黨那時雖極囂張，但反跡尚未甚著，然孟碩先生却認爲與共黨決不能兩立。因而在上海創辦「獨立周刋」，以言論喚醒國人，同時他還糾集一羣反共人士，組織了一個「反赤救國大聯合」的團體，從事反共的實際行動。他眞可說是反共的先覺，擧起大旗作討共的急先鋒了。

八、雍容儒雅　藹然可親

孟碩先生自參加同盟會，從事革命以還，旣受到　國父的器重，又爲同志所敬愛，地位相當崇高。不過他一心忠於黨國，惟求革命之成功，三民主義的實現。他是篤實踐履，努力以赴，不辭艱險，不計名利的。他與同志朋輩相處，以信義，以文會，從未參與什麼派系的組織和活動。上文說及他留日初期，曾和友輩組了一個團體，但大家參加了同盟會後，卽沒有小團體的活動了。廣西軍政人物，自民國以來，卽常被國人稱爲「桂系」。故有人見他是桂籍的，亦把他看成是桂系人物。但他自已在一篇「憶老朋友馬君武」文中却曾說：「一般目廣西人爲桂系，其實我和他（指馬君武先生）都是『桂而不系』。」可見其胸懷只有國家民族的觀念，而毫無地方派系的偏狹思想的。惟其如此，所以他對損害國家民族的，如滿淸政府，袁世凱和共產黨徒，都深惡痛絕而始終反對，必欲去之而後快。

國父逝世後，孟碩先生以羞與共黨爲伍，故一直留在上海。至十六年舉行清黨，他便回到廣東，協助當時的李濟琛辦理清黨工作。但他只是爲義之所在，我行我素，却未擔任政府的任何職務。然以李亦桂人，後來還反對中央，因而孟碩先生也被人誣爲「桂系人物」。然而他絕不辯白，仍在滬不斷發表他反共救國的言論。

直到民國廿三年，中央以孟碩先生德高望重，推選他任國民政府委員。至抗戰軍興，啣中央命返桂策應出兵抗日，達成任務。政府遷蜀後，他榮膺中央常委，國防最高委員會常委，三民主義青年團中央指導委員等，對黨政軍國大計，襄贊擘畫，貢獻宏多。

我當時奉命擔任青年團的常務幹事兼宣傳處長，可說是在孟碩先生指導下的一個工作者。再則，孟碩先生和同時也是指導委員的黨國元老鄒海濱先生都是很要好的老朋友，常有過從。我則是海老的學生，因而我也曾在海師那裏，親聆孟碩先生的謦欬。我總覺得他那雍容儒雅，藹然可親的言談風采，眞堪作青年的楷模，景佩不已。

九、孝友純篤　謙厚清高

孟碩先生的立身行事，既如上述。而他的孝友純篤之情出乎天性，加上他書香門第的家庭教養，更塑造成了我國儒家文化傳統的典型。他少年失怙，稍長又遠出求學任事。但對母親的孝心，却無時或釋的。他爲了忠於國家民族，幹的是革命冒險工作，又怕履險而傷母懷，眞是十分難以處理的，因此只好在遇到困阨時設法瞞着母親了。他在上海因反袁被捕入獄，當從巡捕房拘留所解往西獄之際，其弟及好友數人往看他而不能接近。幸孟碩先生操英語流利，感動了押解差人，乃得許其弟隨行隨語。他除囑弟小心謹愼之外，還再三叫他善爲飾辭稟慰老母，以免牽掛。現在我們讀到他在「黑獄生涯」文中有關敍述，那種對母、弟的深摯親情，猶感悽惻不已。抗戰中期，他在渝接母病重惡訊，却因飛機愆期，而不及與母一訣。其哀慟之情，在其「歌樂山居雜詩」中之兩首及「題詠莪堂記」一詩都可以想見。另再看他的哭弟及謁叔父母墓等詩，也莫不出自至性的流露。他與其夫人謝蘭馨女士尤伉儷情深，白頭相守五十年，每與偕遊，輒有吟詠，足見一斑。蘭馨夫人亦出自革命家庭，父母均爲革命先進。惜夫人竟先孟碩先生仙逝，益使老人傷懷莫已。

至於孟碩先生的待人處世，至爲厚重謙和，純眞誠懇。上文說過，他在同盟會被選爲司法部長時的謙遜態度。後來受衆推擧返川，以教師身分掩護革命工作，他又謙稱學問不足，何敢爲師？其實他既有家學淵源，又慧悟力學，根柢早極深厚，故能在日賣文自給，且日、英語都佳，(在日作舌人，後又考取官費留美)，那能說學問不足呢？只是謙虛而已。故他到處都有人緣，得道多助，非偶然也。

再者，孟碩先生處世既如上述，其自處則向極質樸無華，澹泊自甘，他樂道安貧的詩句，隨處可見。其在「寶島吟」中之「漫成」二首：「求富非吾志，安貧任自然」，寫得更為明白。像他這種清廉高尚的品格，實在是當此叔季之世，又值國難猶殷之時，最值得作為大家的典範，應該加以表揚的。四十一年孟碩先生偕夫人由美來臺任中央評議委員及總統府國策顧問，參籌反共復國大業，住新北投，暇時，讀書吟詠自娛。

十、力學求知 老而不厭

我覺得孟碩先生尤為難能可貴之處，是他畢生力學求知，老而不厭的精神。上文說過，他自十七歲離鄉遠出，主要為求學攝取新知，以為世用。他先南赴廣州澳門，又轉而由湘入川，再東渡日本，又先後數度赴美，都不斷研探各種高深學問。他所研究的範圍，包括了科學技術、政治經濟，以至文哲諸科，堪稱淵博。最後他以撰著「五權憲法之政府」一書（英文本），獲得美國林肯大學的哲學博士學位，其時他已年高六十有七歲了。而且他於民卅六年出國，原以戰後美國朝野惑於中共匪幫的虛偽宣傳，對我中央政府諸多誤解，且迫我們與共黨合組政府，毫不惜以停止一切援助為要脅。孟碩先生乃以私人訪問的方式，前往設法爭取美人的同情援助。可惜美政府成見已深，狂瀾難挽。而先生則特以闡揚　國父之「五權憲法」為文，雖謂係作個人獲取「博

士」的鴻篇，實亦寓有宣揚主義於國際的深意，何等可敬可佩！

孟碩先生畢生奔走革命，稍得閒則入學，暇晷不多，其著作固難甚豐，就吾人所知者有「學鍥錄」、「西詩學述要」、「民族語源」及「一技廬詩鈔」等數種。然其平日讀書之博覽羣籍，在「民族語源」中卽可窺見一二。例如「老子」、「喫酒」等條，此雖一字一詞的考證出處，却非讀遍許多經史子集，不能寫得出來。他的詩篇雖亦無多，但其功力深厚，典雅蘊藉，確可厠於大家之林了。難怪他早年在上海時，便與「南社」諸君如葉楚傖、蔡元培、章太炎、黃晦聞、蘇曼殊諸先生往還唱和。（蘇曼殊集中卽有與孟碩先生的信札多通）他在上海獄中缺乏紙筆，僅用口占數首律詩，唸出讓先出獄的朋友背熟了，然後出去默寫傳給親友的。而這幾首口占無稿的詩，其寫情寫景，都極洗鍊工妙。前考試院長賈韜園（景德）先生一時詩壇盟主，曾盛稱一技廬詩「能拔出羣流」，是「詩國之清涼散」。孟碩先生的老盟友但植之（燾）元老，也是詩學湛深的作者，更推許備至，并指其詩中「赤亭揚氛」「蒼生何罪」等句，謂爲「哲人知幾，豫兆詩讖」呢?!誠然，由於他的詩篇，都是出於性情之正，絕無矯揉造作，亦鮮敷衍應酬。故能使對詩學未嘗深究之一般讀者，讀之也感到十分親切純眞，趣味盎然而生了。

孟碩先生的嘉言懿行，懋績豐功，早彰黨國，著在靑史，何可一一殫述。現在我謹舉幾點，聊申崇敬之忱，且資取法步武的意思而已。

（民國七十一年八月）

像遺生先勛鴻凌

民國六十年凌鴻勛先生在中油擔任董事長屆滿廿年退休，孫前部長授獎時留影。

凌竹銘先生的德學事功

一、碩學桀材　遽痛凋謝

去年秋間，凌鴻勛竹銘先生以八八高齡逝世臺北。碩學桀材，遽然作古，老成凋謝，遐邇同悼。凌先生是一個淵博精深的學者，也是一個脚踏實地的工程專家，又還是一個埋頭苦幹不計名位的標準公務員，其道德、學問、事功俱極卓越，對國家社會具有鉅大的貢獻，早已為舉世所同欽，不待我為之宣揚增飾的了。

竹銘先生長我九歲，他在上海擔任南洋大學（交通大學前身）校長時，我還在廣東高師唸書，所以無論在為學及作事各方面，都是我的先進前輩，但他謙虛厚道，從不擺出一副長者的面孔。我們因爲出身從事的途徑不同，早年更由於他經常僕僕奔忙於邊遠地區的交通建設業務，席不暇暖，我雖已久知其名，心儀其人，却難得晤對向其請教的機會。直至抗戰末期，他被中央政府徵調擔任交通部次長，我也在中央黨部和青年團中央團部供職，大家都在陪都重慶，才開始有所接觸，但究因彼此工作性質相殊，很少碰頭，不過由於誼屬鄉親，又因內子倫蘊珊，幼時曾和竹銘先生的元配石夫人之妹石景蘭女士同過學，也算沾上一點故舊的關係，加以先生的繼配蘇夫人亦極賢慧，藹然可親，往還稍多。迨至大陸淪胥，大家先後播遷來臺，然後又再得經常晤敍，同時使我對竹銘先生爲學治事精勤不息的精神，及其待人接物平實眞摯的態度，有了益加深切的認識，也增添了我對其欽佩的敬意。

二、鐵路工程兩傑之一

近代中國自從有了鐵路以來，出了兩位傑出的鐵路工程人才，先是詹天佑先生，繼之者便是凌竹銘先生，他們都是廣東人。不過詹比凌早生三十餘年，所處環境亦略有差異。詹先生是清朝首批派赴美國留學的幼年學生，接受美國學校長期的教育；凌先生却是由本國自行培植出來的，只被派往美國一家橋樑公司作過短期實習而已。

詹先生出身的時代，正值清末積弱，列強在華肆行劃分「勢力範圍」，範圍內的鐵路興築亦被壟斷，國人難以參加鐵路工程高級人員行列。幸而因爲慈禧太后爲便利拜祭西陵（清朝歷代帝后陵墓）而開築「京張鐵路」，又因該路線短而崎嶇（路成後再延長展築至綏遠包頭，即今之平綏鐵路），外國公司以無利可圖不願興築，外國工程師亦認爲工程艱鉅不易著手，始落到由詹先生負起總工程之責，然後他乃克展其才華，蜚聲於世。其後他雖仍從事於交通工作，迨清室既倒，入民國後又遭軍閥割據混亂之局，遂再沒有機會盡展其抱負，年纔五十餘便鬱鬱以終了。竹銘先生則適逢國民革命北伐統一全國，從事全面建設，積極發展交通，且設鐵道部以專掌鐵路之營運及管理。他遂得以鐵路工程專才，受到重用，從此成爲繼詹天佑之後我國最出色的鐵路工程師。更由於日本對我侵略，造成我國建設後方交通運輸的迫切需要，所有關於主要鐵路興建或修築的重任，都責成他去負責主持或督導。而竹銘先生也不負國家的付託，充分發揮了他的高度智慧和能力，達成了許多艱鉅任務。

三、築路抗敵偉績殊勞

我國鐵路有縱橫兩大幹線，一爲橫貫東西的隴海鐵路，另一則爲縱貫南北的平漢鐵路與粵漢鐵路。隴海路原定由江蘇海州通至甘肅蘭州，但僅築至河南靈寶便停頓了下來。縱貫線雖平漢路早已完成，粵漢路則北端由漢口（武昌）至湖南株州及南端廣州至曲江（韶關）雖已築成，中間却隔著株州至曲江之株韶段四百餘公里仍未動手。自北伐統一後，政府為積極開發經營西北，乃先將隴海路西展而入陝甘，遂委竹銘先生主其事。旣而通車達潼關，由潼關至西安段方待舖軌通車之際，卽遭日寇入侵東北，更挑起一二八淞滬之戰，故認爲打通粵漢線尤爲當務之急，遂又以竹銘先生調主粵漢路株韶段之工程。此一路段以湘粵間之五嶺橫亙，其工程之艱鉅，尤倍蓰於昔年詹天佑氏所築京張路。其所以遲未動手者，實因先經英國工程師測勘，需鑿洞七十餘座，施工困難，需款極鉅。竹銘先生旣膺重任，勞苦不辭，卒將此極艱鉅的工程，未及三年（原定四年）卽告築成通車，所鑿隧道僅十七座而已，表現了我國鐵路工程技術之卓越非凡。此路之成，為其後對日抗戰發揮了運兵和補給的很大功能，使日敵預期六月亡我的陰謀歸於幻滅。

由於竹銘先生在打通粵漢路工程之輝煌成就，他已成爲鐵路工程的權威。因而接著關於「京湘鐵路」（南京至湖南株州），「湘桂鐵路」（湖南衡陽至廣西柳州），「南鎭鐵路」（廣西南寧至鎭南關）之興建，「寶天路」（卽隴海西段自陝西寶雞至甘肅天水一段，按隴海路前已通至寶雞）之展延，以及「天成鐵路」（自甘肅天水至四川成都）之籌劃等，所有西南、西北各重要鐵路的工程設計與實施，都莫不落在竹銘先生的頭上。這固然是他的工程技術之了不起，及其工作的努力負責，具有極大的成效，同時也足見政府對他倚畀之殷。後來還把綜管陝、甘、寧、靑、新諸省公路的「西北公路管理處」，也都委任他做處長，負責上述諸省大大小小公路的施工和修護工作。這樣，竹銘先生眞正成爲我國交通，尤其是路政方面的磐石大柱了。

抗戰勝利前夕，竹銘先生被任爲交通部常務次長。他向以工程技術人員自處，原不願作坐在辦公廳看公文的高官。但他抱著爲國盡力的心懷和態度，只好聽命服從。然而他這個常務次長，不比一般，是要管鐵路、公路、郵政諸部門業務的。故當抗戰勝利復員，交通運輸至繁，且遭共匪到處破壞交通，益加棘手，使他費盡腦筋氣力，却也表現了他的肆應之優越能幹。一直做了四年有多，迨共匪赤燄披猖之際，局勢岌岌，他更因部長及政次均已離部，曾以常次身分，獨撐部務多時，應付難關，備極勞瘁，可是當何敬之先生組閣，邀他出任部長，他却堅辭不就，足見他是志不在於名位。

四、最年輕的大學校長

上面所述，只是竹銘先生在事功上的卓越表現。事實上他的做事能力，是由於其深邃的學問根柢出來的。先生出生於書香門第，父佩秋（彭壽）公以名孝廉授徒廣州，二叔彭年爲進士，三叔彭齡亦早入泮，誠所謂一家無白丁的。先生幼承庭訓，穎悟過人，十二歲考入「廣府中學」後，屢試冠曹，以最優等畢業。十七歲考取粤省選送上海高等實業學堂（後改名南洋公學、南洋大學、再改爲交通大學），又以每學期均考第一且獲品學兼優之成績畢業，旋卽奉交通部選派赴美實習，回國後任職於交通部。

竹銘先生在校時卽受到師長的賞識，學成作事，又獲致長官同寅的器重。他不但勤敏好學、忠於任事，且畢生不斷硏鑽，潛心著作，且每日均寫日記無間。故其學博思精，與日俱進。當他任職交通部時，卽爲其母校校長請部借調邀返南洋大學任教，尋且代理校務，時僅廿七歲耳。其後以北洋政府動盪，竹銘先生離開交通部，再返任教母校，已成滬上很有名氣的工科教授了。民國十三年他三十一歲時，並已正式受任爲國立南洋大學校長，乃我國當時公私立大學一位最年輕的校長。民國十四、五年間，由於共黨份子的興風作浪，滬上各公私立學校風潮迭起罷課罷考。但南洋大學在竹銘先生主持下，却能維繫絃歌不輟，照常處理一切校務。卽此亦可見其肆應非常之大才，實非一般學人所能望其項背。

竹銘先生�於寫作，著述等身，其關於專門者，如「鐵路工程學」、「市政工程學」等，早已爲世所重，享譽士林。卽出其餘緒，偶寫一些記述文字或小品文章，也極娓娓動聽，引人入勝，閒來揮毫，書法亦深有功力，誠不愧出身書香之家也。因其科技造詣之精，中央研究院成立後，自首屆起，先生獲選聘爲評議員，後幷當選院士，實至名歸，非偶然而致的。

五、清廉樸素永懷高風

竹銘先生的學術、才智、事功，旣如上述。然而尤有使人仰之彌高，深心敬佩者，乃是他以道自守，恬然自足，得失無所縈心的那種高風亮節，以及他謙厚和易的待人處世態度，誠爲當此叔世所不易得而堪爲楷範的。他一手主持的鉅大建設工程，不計其數，卽以粵漢鐵路株韶段工程而言，當時所費的幣值數千萬，以現值計之，實至驚人，至其前後各工程，總共經費之鉅，何可勝計？但當他卸下了交通部次長之任，遭遇共匪竊據大陸，擧家違難香港時，却幾乎饔飧難繼，狼狽不堪。可見其平時公而忘私，一介之不苟。幸而他各方人緣好，學養有素，到臺灣後，卽應聘爲台大教授，生活始得維持。近二十餘年他奉命擔任中油公司董事長，工作雖非本行，却又能把中油業務經營蒸蒸日上，成爲擧世聞名的龐大企業，而他依然過著平淡的生涯，對學術研究不輟，試看竹銘先生的這種淸風亮節，豈是一般人所可企及，得不令人肅然起敬？昔文信國在「正氣歌」中有言曰：「哲人日已遠，典型在宿昔」。我今也引這句話，以表對竹銘先生的懷念。

（民國七十一年六月）

革命女傑卓國華女士遺照

革命女傑卓國華

在中華民國開國革命的進程中，海內外志士仁人，莫不踴躍爭先參加革命的行列。尤其是一般知識男女青年，他們痛感國家民族的艱危，深知應該負起拯挽狂瀾的大任，故不避冒險犯難，甚至不惜擲頭顱、灑鮮血，勇往赴敵。其目的就是要推翻腐敗的滿淸政府，建立民國，開拓國家民族的光明前途，促進全國同胞的民生樂利。被世人美稱爲「革命新娘」的卓國華女士便是這些志士仁人中的忠、孝、堅、貞者之一，堪作爲現代女性的楷模，誠宜俎豆馨香，千秋永祀。

卓國華女士出生於廣東中山縣（舊名香山）。幼年喪父，隨母住於開通而頗爲富有的外祖父家，故她和其胞妹國興女士（也是參與廣州辛亥起義的先進女同志，爲何墨林夫人，現尚健在居住台北），及長卽被送進新式的學校，在香港的「實踐」女校就讀。其兄振聲先生得風氣之先，早就參加了革命黨，追隨國父孫先生工作。國華女士姊妹知識思想日進，且受其兄長的啓導影響，對革命主義，亦同深嚮往，故也在香港，由先進同志謝英伯先生監誓主盟，加入中國革命同盟會。從此爲革命工作而奔走努力。

當辛亥三月廿九日，革命黨人在廣州起義攻打督府，世稱所謂黃花岡之役的前夕，由香港統籌部派遣到穗，以及由各地召集而至的革命同志，紛紛分集各預設秘密機關，而起義所需的械彈武器之運輸，則多由婦女同志負責。先是，大批的武器，由香港以藏入罐裝油漆，或頭髮盒，或鐵床傢俱，或盆栽泥裡種種方法，運入廣州，然後又分在各處賃屋飾辦嫁娶喜事，門口貼上紅紙對聯，掛起燈籠，紅燭高燒，賓客衆多，人來人往，果然像煞有介事，足以掩人耳目。其實不論男女老幼，無一不是革命黨人。有捧著禮盒送禮者，有攜菜籃採購者，有乘轎往來賀喜者，那些盒中、籃中、轎裏，掩藏着的都是軍火，分別送到起義同志集合的地方。在此役的諸女同志或飾主婦親眷、或飾賓客、僕從，或操其他雜務，（如躲在屋中密處裝配武器之類）大家都忘了甚麼叫做生死安危，只是盡力認眞，合演這場擧世震驚的好戲。

卓國華女傑，也就是在這場好戲中的女主角之一，她喬裝的，是穿戴鳳冠霞帔，坐在大紅花轎內的新嫁娘。這支迎親隊伍浩浩蕩蕩在街道上行進，花轎內固然藏滿了軍火，其實全隊人馬都是革命黨人，連扛花轎的轎伕也不例外。他們早有打算，如在途中遇到滿清軍警的阻撓或搜查，就馬上和他們拚了，成爲首先發難的先鋒，決不願束手就擒的。所以國華女士除了把裙裳掩着大批械彈之外，她雙手也各持一槍，以備戰鬥之用。結果這支迎親隊，終於瞞過了衆人的耳目，而順利達成了運送武器的任務。

是役的起義，雖然未能一舉成功，而且喪失了許多革命黨人的菁華，至堪痛惜。然而却引起了全世界的震驚，也激發了我全國人心的振奮。正如 國父在黃花岡烈士事略序文中所說：「是役也，碧血橫飛，浩氣四塞，草木爲之含悲，風雲因而變色。全國久蟄之人心，乃大興奮。怨憤所積，如怒濤排壑，不可遏抑。不半載而武昌之大革命以成。則斯役之價值，直可驚天地，泣鬼神，與武昌革命之役並壽。」卓國華女士在是役雖未上陣作戰，未與於黃花岡七十二烈士之列。但她那種冒險犯難的大無畏精神，却和烈士們是同樣偉大的。事後有人問她：「坐在轎裏那時怕不怕？」她答說：「早把生死置之度外，怕是沒有的。只是坐得很彆扭，挺不舒服罷了。」「爲什麼呢？」「因爲那些扛轎的，都是由同志們所喬扮，他們只是够氣力，却並非職業性的轎伕，不習慣，步法不調和齊一，走起來搖搖擺擺的，把坐在轎裏的人顚簸得很難受呀。」我們只從這幾句簡短的對話中，便可想像到這位革命先進女同志的偉大精神和氣度之不可及了。

在這裏更要特別一提的，卓國華女士在方及笄之年，卽立志參加革命大業，而其喬裝新娘之時，也僅是廿二歲罷了。尤其是時當七十年前的那個風氣閉塞的時代，其難能可貴那就更不待說了。此無他，完全是一片愛國忠黨的眞誠，充塞五中，故能發揮其沛然的浩氣，勇往直前了。而且，她的愛國忠黨的情操，是純潔無瑕而沒有帶着絲毫私念的，既不爲名，也不爲利。迨滿清推倒，中華民國既告成立。當時曾有選派對革命有功的青年赴外留學之擧，國華女士原也奉派赴日。但她却爲了奔走革命多年，未能侍奉老母，寧願留在家中，稍盡兒女之責，竟放棄了出外留學的權利，更足看出她淡泊樸素的品格之不可及，也充分表現了她既盡忠於黨國，尤不忘於孝其慈親的純美德性。

卓國華女士既不出國而家居事親，乃承領導黃花岡之役，幸而生還的黃克强先生之介，與同爲黃花岡之役起義的另一生還者劉梅卿同志，結成連理之好。梅卿先生智勇過人，甚爲國父　孫先生所器重，委爲「自由團長」付以自由發展擴充兵額的權利；但因此而爲陳逆烱明的部屬所忌而被害。國華女士與梅卿先生結褵僅七載，猝遭大變，自然悲痛不已，且她正當遺腹有孕，竟告小產，更使她哀慟莫名。然而她却忍痛茹苦含辛，撫育膝下一個年僅三齡孤女，玉潔冰清地爲梅卿先生守節以終老，這也是一般人所不易企及的地方。

國華女士孀居難處，卽歸與母兄相依。其兄振聲先生亦淡泊於名利。唯愛國忠黨之情，則兄妹同之。時値日寇入侵，激起我全民對日抗戰之局。振聲先生亦努力參加工作，不幸因公由桂赴渝以覆車喪身，賫志以歿。於是國華女士，更要繼續負起侍奉老母之責，以迄老母壽終。當其女遠嫁，晚景益形孤苦伶仃。然因她是一位信仰虔誠的基督徒，是以雖在垂老之年，獨自住在香港九龍尖沙咀一所小教堂的小室裏，更患風濕而不良於行，仍然安之若素。這亦是一般人所難熬受者，這眞是她的修養過人難能可貴之處。

自從共匪叛國，竊據大陸之後，匪方每對海外施行統戰伎倆，尤其對一些革命老人，運其威迫利誘的手段，企圖爭取到手而加以利用，替其撑持場面作爲點綴。匪方對這位「革命新娘」的金字招牌，自不輕易放過，而成爲積極爭取的對象了。可是，匪幫却絕料不到，卓國華女士會毫不假以詞色而拒之門外的。她終覺得香港一地不可久居，因此她於民國五十年間，以七二高齡，毅然離港來臺，和她的胞妹國與女士一家，同居而安度其晚年生活。於此又見得國華女士的亮節高風，是愈老愈臻强勁的。

我向已仰慕卓國華這位革命先進女傑的大名，却是直至她來臺定居之後，才有機會接聆其音容笑貌，更得聞她的許多懿行嘉言。對她自少及老立身處世的忠、孝、堅、貞令德，固然崇拜之極。至於她平日家居生活的勤勞和儉樸的素養，也一樣覺得無限敬佩。凡此種種，我認爲都是當今社會婦女們所應該取法學步的。且不獨婦女爲然，就她的忠懷勇概，孝行淸風看，卽使是昂藏七尺男兒，也當向她學步，資爲矜式的。

（民國六十九年九月）

鄒梁定慧女士遺照

北伐敢死隊全隊人員合影（前排居中者爲梁定慧女士）。

志行高潔的鄒梁定慧女士

黨國元勳鄒海濱夫人梁定慧女士是一位志高行潔、德範可風的革命女性。她曾參加推翻滿清的革命工作，及後在廣東的討龍（濟光）、討莫（榮新）、討陳（炯明）各役，她也曾參與其事，備著勳勞。不幸於民國七十一年十二月四日病逝臺北，享壽九十一歲。

海濱先生是我就讀國立廣東高等師範學校時的校長，定慧女士是我的師母，每於晉謁鄒校長之便，問安承教。家叔軍凱早年從戎，民元北伐參與固宿戰役時，卽與定慧女士相熟；舍弟彥徽抗日時期在越南西貢創設中山中學，復曾協助定慧女士發動僑胞支援抗戰工作，所以，我與定慧女士有特別深厚的關係。後來，她定居臺北二十年間，又時有往還，對她的生平、志趣和德行，也有了較深刻的認識，且曾拜讀他親書的自述。

堅決反對盲婚　力主男女平等

七十多年前，年輕的定慧女士，已經富有平等、自由思想，痛恨社會上有錢人欺壓窮人，以及重男輕女的不平等現象；尤其反對「父母之命、媒妁之言」的盲婚制度。她認爲女子對自已的婚姻大事，要有自主權，男人不應該三妻四妾，因爲這是不把女子當做一個人，違反了「妻者齊也」的古訓。她是廣東中山縣唐家灣人，接近澳門和香港，也許是受了西歐一夫一妻制度的影響，使她堅決的反抗舊式盲婚制度。

定慧女士的父親是美國華僑，善於經商，家境富裕，曾許給她五千元大洋做嫁奩，當時五千塊大洋是一個相當大的數目。當她十六歲時，她父母因媒婆的撮合，逕行把她許配給唐家做媳婦。當她聽到這個消息後，爲堅決反對這一盲目婚姻，便離開家庭，出走香港，避居結字街她的三姊梁綺川處。當時綺川女士是實踐學校的校長，這間學校乃是革命同盟會的秘密機關，是掩護革命黨人及軍械彈藥的匿藏之所。後來，她父親探悉後，甚爲生氣，親到香港來，并以向香港政府密告實踐學校是革命黨人機關，來威迫定慧女士，要她回鄉完婚。

在那個緊急關頭，定慧女士爲了革命大業的前途，只好勉強遵父命返回鄉間去完婚。但她堅不履行舊式的婚姻禮節，故意使婚期延阻。後來她對未婚夫唐鐵魂君表明心跡，自認是革命黨人，並謂匈奴未滅何以家爲！不自由，毋寧死！并相約三年後，再談履行婚嫁。她的未婚夫也是有志青年，爲她的嚴詞所感動，也投身革命行列，後來他却不幸在光復潮州九屬之役時殉職。消息傳到定慧女士時，她認爲與唐鐵魂固屬名義上未婚夫妻，而其死不無「我不殺伯仁，伯仁由我而死」的感觸。因此，她在推翻滿清專制後，一直潔身自守，到了民國十三年，才與論交十三年之久的海濱校長結百年之好。

獻身國民革命　曾任敢死隊員

當定慧女士爲逃婚到了香港，避居她三姊主持的實踐學校時期，適庚戌年初（一九一〇年）廣州新軍起義失敗，革命黨人逃到學校躲避的不少，她從旁協助守望、聯絡等工作，備受黨人言論薰陶。她體認到　國父倡導的革命，是打抱不平的救國救民的義擧，深信革命成功後，男女老少，人人平等的願望，便可以實現。乃決心加入同盟會，樂意爲革命效死。遂由高劍父、朱述堂兩位革命先進爲介紹人、謝英伯先生主盟，正式加盟成爲革命黨人的一員，時年僅十九歲。

定慧女士入黨後，被派到廣州河南寶崗守眞閣擔任看守革命機關和傳達消息的工作。民前一年（一九一一年）三月廿九日黃花岡之役失敗後至十月十日武昌起義期間，她被派到廣東惠州，擔負運送軍械及在附近盧樹革命旗幟的任務。惠州光復後，又被派赴廣東博羅縣響水大園洞地方，參加製造彈械和運輸工作，她常常來往粵、港之間，機警應付，圓滿達成任務。博羅光復後，她又被派赴汕頭，協助其兄冠三先生進行光復潮州九屬的工作。

後來廣東軍政府組織女子北伐軍，分救傷隊和敢死隊，定慧女士被選爲敢死隊隊員，全隊十二人，救傷隊員十人，共二十二人。她們乘船北上，到了徐州前線，與男戰士并肩作戰，大收鼓舞士氣的效果。迨南北議和告成，清帝退位，才離開戰地，返回南京。

努力宣傳工作 從事社會服務

定慧女士住在廣州時期，從事社會工作，不遺餘力。她大力贊助孤兒院，舉辦大規模的蠶桑展覽、書畫展覽，以及籌款賑災等等工作。尤其創立婦女習藝所，收容貧苦無依或被迫遺棄的婦女，提供職業訓練，使有技能自謀生活。她認爲婦女必須有謀生技能，才有獨立人格來講求男女平權。

抗戰軍興，定慧女士立卽籌組國立中山大學戰地服務團，負責宣傳及救護工作。她多方籌募醫藥用品、棉衣、卡車等，贈送各戰區應用，並曾遠赴黃河南岸戰區慰勞戰士，救助傷患。

爲了籌募支援抗日款項，定慧女士又不辭跋涉辛勞，出國到越南、高棉各地，呼籲僑胞解囊輸財，支助政府抗戰建國。返國後，復在廣東戰時省會曲江東河壩設立陳永軍民醫院，搶救戰地軍民傷患，貢獻良多。當時我任廣東省政府秘書長，深悉其努力工作的實際情況。

一生宅心仁厚　晚年皈依佛教

定慧女士雖是一位革命女性，反對舊禮教，然亦存心仁慈。舉例來說：她的未婚夫唐君鐵魂在光復潮州之役殉職後，其骸骨埋在異鄉，她覺得心有不安，認爲尋覓遺骸，遷葬故鄉，乃屬義所應爲的責任。因此，她於女子北伐軍敢死隊解散後，便匆匆南返，親到潮州找到唐君骸骨，改殮木棺，護運送回中山縣唐家灣安葬。這一種舉動，實非一般女子所能爲所敢爲，也足以顯出她宅心的仁厚。其後，她致力於社會事業，撫養孤兒，扶助貧苦婦女自立，以及救護傷患，無不是仁者之心的表現。

民國三十八年，大陸淪入共黨魔掌後，定慧女士避難香港，及後來臺；海濱校長逝世後，曾一度赴美依其女鄒杏生活。晚年定居臺北，享兒女奉養的清福，長齋禮佛，怡然自樂。語云：仁者壽，定慧女士之壽至九十一歲高齡，誠屬其來有自。

（民國七十一年十二月）

民國六十一年三月郭澄先生（左）任國民大會秘書長陪同王雲五代表（右）向　蔣公介石致送總統當選證書時留影。

中央改造委員暨各單位負責同志合影（後排右起第一人爲郭鏡秋先生，中排第三人爲蔣經國先生，中立者爲陳誠先生。前排右起第一人爲本書作者）。

悼郭鏡秋兄

一、調和綜合

中國文化以儒家思想爲中心，儒家思想層面甚多，而中庸之道是其重要的一面。中庸一書開首就說：「子程子曰，不偏之謂中，不易之謂庸，中者天下之正道，庸者天下之定理。」在此一文化背景下，乃產生了無數中庸的政治家、事業家、思想家。治喪委員會爲鏡秋兄所撰的事略中有幾句話說：「綜觀先生一生，篤信三民主義，忠黨愛國，志節弘毅，誠信待人，清廉自持，處事練達，任勞任怨，廓然大公；尤能堅持制度，取精用宏，每任一職，每行一事，輒收綜合之功……」。這正是我要講的話。

鏡秋兄是一位擅於調和又長於綜合的人，因爲他具有中庸的性格，眞有「回之爲人也，擇乎中庸，得一善則拳拳服膺，而弗失之矣。」的崇高風格。

鏡秋兄曾任中央民運特派員，三民主義青年團中央團部視導，本黨中央改造委員會委員兼第七組主任、中央黨部副秘書長、中央黨部第五組主任、臺灣省黨部主任委員、臺灣省政府委員兼秘書長、光復大陸設計研究委員會副秘書長、行政院政務委員、行政院研考會主任委員、以及國民大會代表、國民大會秘書長等黨政重要職務。這些職務都非具有調和綜合的才能，絕不能勝任。鏡秋兄內方外圓，他以任勞任怨，廓然大公的態度來從事調和工作，表現得不卑不亢；他又能以堅持制度，取精用宏的原則來綜合人事，表現得中規中矩。鏡秋兄不愧是國家棟樑，本黨楨幹。

二、切磋研商

我與鏡秋兄可以說是老同志，也是好戰友。當鏡秋兄在三民主義青年團中央團部任視導時，我正服務於中央團部宣傳處；鏡秋兄和我後來都是中央團部幹事；本黨中央改造委員會成立，我們兩人又同爲改造委員，他兼任第七組主任，我兼任第三組主任，以後又同任中央委員，多次同任中央常務委員。如果開闊一點說，自民國二十九年起，我們已同處在一個大家庭裏，各就崗位

服務了。我們不但同事，而且常常交往。

因爲我在抗戰時曾任廣東省政府委員兼秘書長，平生對研究國父遺教、五權憲法、地方自治也頗感興趣，因此，當鏡秋兄任臺灣省政府秘書長和國民大會秘書長時，常常過訪或約期晤敍，交換意見。

鏡秋兄爲人謙虛熱情，每次晤對，都坦然相談，如同坐一椅，則多互相促膝，如家人對坐。他對我在廣東省政府服務時所提出「機關學校化」的做法和地方自治的意見，頗感興趣。後來，當他擔任國民大會秘書長，碰到了很多憲政上的問題，我們彼此研究，獲益亦多。

鏡秋兄聰明內蘊，學驗均豐，這都是使人敬重的地方；但除此以外，我更欽佩他那種近乎「渾」的性格。我所說的「渾」不是指「渾俗」或「渾濁」，也不是指「渾沌」或「渾淆」，而是指圓通和忍耐。

關尹子云：「利害心愈明，則親不睦；賢愚心愈明，則友不交；是非心愈明，則事不成；好惡心愈明，則物不契，是以聖人『渾』之。」所謂聖人「渾」之，這個「渾」似是指恢弘的氣量，也是一種中庸的精神，鏡秋兄都能做到。

三、公正廉明

如果再用最簡單的詞語來寫照鏡秋兄一生，「公正廉明，鞠躬盡瘁」八個字可以概括。「公正廉明」是 先總統 蔣公給鏡秋兄的嘉許，鑑其畢生行事，足以當之無愧。

我們都知道，六十七年春，國民大會第六次會議開始時，鏡秋兄因積勞成疾，被送至榮民總醫院治療。當他稍為康復，即不顧個人健康與安危，自動出院趕返陽明山中山樓主持會務，參加會議。會議前，他還是代理秘書長，及至主席團向大會提名為秘書長時，竟以幾乎達到全票的最高票數通過，使國民大會第六次會議添上一段為人樂道的佳話。

以筆者所見，六次會議以後，鏡秋兄的健康已大不如前了，他步行已略見蹣跚，體力已日見瘦弱。但他絕不因此鬆懈職務，放棄責任，這種精神與一般官場所謂戀棧的情況不同，因為在他而言，年齡已達七十四歲，擔任黨政要職已四、五十年，他已沒有名利觀念，況且國民大會人少事繁，一千多代表的服務工作，也非常艱鉅，如果他沒有強烈的責任心和那種鞠躬盡瘁的精神的話，他不必要拿自己的生命來犧牲。

鏡秋兄去世，可稱得是哲人其萎，道範長存！筆者與鏡秋兄相交幾近半世紀，相知甚深，一旦失去良友，愴懷未已，謹默祝鏡秋兄安息，並願其偉大的服務、犧牲精神，永留人間！

（民國六十九年十月）

席德進先生遺照

席德進先生繪贈本書作者的梅花水彩橫幅。

席德進先生爲本書作者所繪半身像。

永念席德進兄

當我聽到席德進兄逝世的消息，內心對於這位藝術家終於給胰臟癌症奪去了生命，至深悼惜！及後閱報，再看到記載他臨終時，對陪在身邊的好友盧校長聲華說：「我怎麼這樣糊里糊塗就走了，眞不甘心……」的話，尤感十分難過！德進兄的畫藝造詣，早已有口皆碑，衆所推重。誠如他的好友安慰他所說：「已經轟轟烈烈了。」然則德進兄何以還要說糊里糊塗就走了，眞不甘心呢？他自己雖然沒有把這句話加以詳細解說，但是我們却也不難從各方面來推想，得其一二。可能是因爲他還有很多很大的志願，尚未達成，引爲遺憾的。

在席德進兄的作品中，他所描畫的許多有關鄉土的風光事物，尤其屬於中國的，都充滿了一片寧靜和諧的味道。卽令如我之類，對藝術沒有修養的人，也可以領會得到，那種深厚的中華民族傳統文化氣息，同時也充分瞭解作者對國家民族和鄉土的強烈愛心。如果再讀他在一九七四年所編印畫册自序，更知道他曾用了十分具體肯定的語句，來表達他對中國傳統藝術的推崇了。他說中國藝術是「萬古常新」的，「充實之謂美」的，「止於至善」的。並謂「中國藝術家講究品德，涵養學術。」我們試看，他對我國傳統文化之認識，何等深切？據他的同行老友另一位藝術家王藍，稱德進兄是熱情、爽直、堅強、樂觀、充沛的生命力，構成他充分代表臺灣，代表中國的性格畫家，誠非溢美之言，確是如此。

可是，說到德進兄的身世遭逢，却至堪使人同情一歎。他生於國家多難的時代，在讀書時，正值日寇的侵略戰氛不已。剛纔學成，又值共匪叛亂，神州陸沉。他隻身違難來臺，與遠在四川的父母親人，萬里隔絕。在這種舉目無親的環境和悠長的寂寞歲月之中，不斷努力奮鬥，方熬出了頭，找到了自己正確的路向，也獲得了各方面的重視。但他却絕不自滿自足。據說他常向老友們表示，要以自己現有的根基，再加二十年的功力，當必能有更大的成就和貢獻。足見他的抱負是要在藝術上創造更多的業績，使對我國文化復興的道路上，負起發揚光大的一分重任的。聞他臨終前，又曾說及「非常懷念四川老家的親人。」試想他的內心，多麼渴望早日光復大陸錦繡河山，使得回到老家，重敍天倫之樂的。從上面種種跡象看來，可知德進兄確有很多很大的志願，尚待達成。今竟天不假年，使他賫志以歿，怎能不令他太不甘心了呢！

我於藝術是門外漢，他旅法國時，我早已由歐返國了。我和德進兄之認識交處是很偶然的。大約記得在許多年前，有一天，我的學生——香港中外畫報社的社長蘇錫文，和他一起到我家裏訪問，才由錫文介紹認識的。在這次初會時，我覺得他坦誠率直，質樸無華，談得頗爲投機。在談話中，他欣然表示：願意爲我畫一幅半身像，我自然十分高興，便約定了一個時間，到他的畫室裏去，讓他對着面寫。我依約定時間按址前往他的工作室，其設備異常簡單。桌子、椅子，都是從鄉下裏搜購或者是檢回來的舊東西，茶杯也只有一兩隻。德進兄這種樸素刻苦的生活情景，大大出乎我的意料之外。雖則如此，但亦使人覺得甚有古色古香的情味，更足引起無限懷舊的遐思。尤令我對這位藝術家的個性與品德，有了較多的瞭解。畫像工作開始了，他先讓我坐了下來，然後十分認眞的精神貫注向我凝視，再拿起畫筆來，描描畫畫，塗塗抹抹，歷兩個小時以上，中間很少停歇，他才擱筆，約我次日再去，還說，總要五六天纔能畢事。就這樣，我每天早上共去了六次，每次約兩小時，共花了他最少十二個小時，才畫好了。過了一些日子之後，他特來過訪，還拿了一張梅花山水的水彩橫幅送我。這兩件作品現在都在歷史博物館裏展出。還是由德進兄告訴該館何浩天館長，說他還有送給張岳軍、張大千兩先生和我的畫，請他設法搜羅一併展出。因此何館長特派人來向我商借參展的。他雖在病重住院，仍然念念不忘這些作品，可見他處事是非常細心周到的。

我們之間，從他替我畫像之後，過從漸多，一次他說，對於所聞關於金門前線國軍拒敵作戰之英勇，以及地方建設風光之優美，很爲嚮往，甚想前往一行，請我替他設法。我乃商諸於總政戰部主任王化行兄，結果他成行了，還在金門勾留了約二三週之久，也寫下了金門的許多風光。

王昇將軍很想請他畫些關於金門對匪作戰大捷的戰史畫，但德進兄覺得那是一種重大的任務，婉辭不敢輕於下筆。於此又足見他對工作態度之認眞，自己無把握的，決不輕諾。像這樣勤愼敬業的精神，也是一般人所難及的，戰史畫，他雖未曾答應去寫，但他却寫了一幅慈湖，表達了他對我們的民族領袖先總統　蔣公的崇敬景仰之深情。

這幾年來，德進兄擧行了多次畫展，我都曾前往參觀道賀。今年六月，臺北有幾家畫廊爲他擧行六十歲祝壽畫展，開幕那天，當我到達其中一個會場參觀時，德進兄已經返回其畫室休息去了。次日，我再親赴他寓所向他表致賀忱，並道昨日遲到的歉意，見他精神十分疲憊，不敢久留多擾，只安慰了他幾句，請他保重，好好靜養，就作別退出了。誰知這就是最後訣別的一次見面呢！德進兄在外表上似乎是很冷漠的，對人眞有「話不投機半句多」之概，實則他內心的感情非常豐富熾熱，而平常不易被人感受得到，故除了常常和他接近的好友之外，一般不免以「怪人」目之。直至他因知道自己患了癌症，到病重時，自知將不久於人世了，然後他一向蘊蓄在內心的情感，才漸漸吐露出來，仍然是很含蓄的，所以我們祇可以推想得到而已。

其實，如果是眞正對德進兄了解的，也不待聽他的言說，只要看他的行動事實表現，便可明白一切。比方說，他的所有作品，無一不表現出其愛國家，愛鄉土，愛自己的民族文化之情。這都與我們當前反共復國、復興中華文化的國策是完全符合一致的。但是德進兄很少在口頭或文字上標榜這些。蓋因他深深體會到，我國先哲「身教重於言教」之旨，所以要用高度的藝術手法，去實現「潛移默化」的效能，其志可謂深遠之極。惜夫，昊天不仁，竟奪去了這位藝術家的生命，令他未克竟其偉志，眞不禁慨歎我們國家社會的重大損失！就個人來說，我對這位難得朋友之喪，也感到無比的悼念！

（民國七十年八月）

宗孝忱先生攝於師範大學會議室
(民國49年7月)

宗孝忱教授親撰並書贈本書作者之「榮陽鄭氏頌」

宗孝忱先生贈給本書作者隸書對聯。

謹厚的儒者宗孝忱教授

如臯宗敬之孝忱教授，於民國六十八年五月，以八十有九高齡，逝世於臺北寓廬。噩耗驚傳，凡其朋僚門人，與乎遠近知者，莫不同深悼惜。敬之教授生平，學不厭，敎不倦，持躬接物，謹飭恬澹，有耆碩宿儒的道範。而其對師長領袖之忠敬不渝，對友朋僚寀之熱誠懇摯，更爲晚世所不易多得。至於他的文章書法，功力深厚，成就卓然，此則正所謂「行有餘力則以學文」，乃其餘事而已。

我和敬之教授的交處，是大家播遷到臺後有年，方才互相認識，相交日淺且往還無多，不敢忝附於知交老朋友之列；但在幾度晉接敍談之後，又獲讀覽其文章書法，對於他的藹然長者之風，及其高妙的作品，衷心深致敬佩不已。記得那是在民國四十九年的初秋某日，敬之教授爲紀念其七秩壽辰，舉行書法展覽於師大禮堂，我前往參觀，始獲晤對，互道傾慕之誠。並承其贈我印就精美的「七十述懷」詩小册。歸而讀之，七律七首，文詞茂美，而歷敍其治學治事經過，言簡意賅。然後又始知其學有淵源，無怪其字之極富書卷味也。敬之教授的書法，不論楷、草、隸、篆，各體均工，無一筆之苟，非經刻苦磨練者，決不克臻此爐火純靑的境界。

敬之教授比我長逾十歲，但自從這次之後，我們便由陌生而成了忘年的朋友。過了不久，承他送給我隸書「且以文章存典則，還因禮樂振風流」一聯。其後他更作了一篇「滎陽鄭氏頌」，文曰：「家承北海之學；世推東里之才。七松鶺鴒之吟，風騷有主；三絕廣文之譽，翰藻無雙。山中書帶，章彼醇儒；天上喬雲，袟茲人瑞。」以篆體寫好一條橫幅贈我。在這些地方，足見他對友情的殷渥，饒有古君子之遺風了。

民國五十六年年底，我卸下了司法行政部的部務，之後又奉命轉到總統府任職，其時敬之教授也在府中兼任參議，負責審核印章篆刻的工作。他是先總統　蔣公的老部下，早年就在軍事委員會委員長武昌行營，擔任文書事務的了。他雖則是師大的專任教授，課務甚忙，但他對府內所兼職務極爲負責認眞。這段時期中，我們的接觸機會較頻，在友誼上也日增，我對他的爲學做人處事種種，所瞭解的亦漸多了。他謙厚誠謹，學殖富贍，至爲難得。可惜爲時很暫，不久他就因中風重病入院，且從此癱瘓在牀，一躺竟躺了十一年多，以迄逝世。所以我也一直無法在文章書法方面，再有向他討教的機會了，在我亦可算是一項很大的損失。

敬之教授之猝然得此重病，因爲他學問既好而性情隨和又最厚道，凡人有求於他的，莫不欣然答應，而且負責認眞，絕不敷衍。所以據說他在校上課的範圍包括國文系、藝術系、及大學日間部、夜間部、以及研究所等。還有各種演講及各界求書，應接不暇。工作每至夜深不輟，病發前更因國防部約他撰寫標語使他益加忙不過來，故此可說他的病是應人之求而忙出來的。在他自己，固然抱着「人生以服務爲目的」的主旨，正所謂求仁得仁，絕無遺憾。然而在我們看來，他實在太認眞了，太値得敬佩了。而國家社會失去了這樣一位好人，又太可惜了。

他患中風被送往宏恩醫院急救，我初尙未知，後來他轉到郵政醫院繼續治療時，我才獲悉，曾往探視，見他旣不能動，也不能言，但神色尙好，以爲再假以時日，善爲調理，定可康復如恒的，誰知他竟一直如此下去達十餘年呢？幸而他有一位孝順的女兒宗玥小姐，長期在身旁照料着他，這也看出了他平日家敎的成功。宗玥小姐畢業於師範大學，品學兼優而孝思純篤。雖則她樂意照顧護持久病未愈的老父，可是醫藥生活費用怎能長此維持下去呢？我不禁替其擔憂。民國五十九年，我的朋友孫亢曾兄出任師大校長，在一次偶然的機會中，我曾把敬之教授和宗玥小姐的情況向其談及，承他聘宗玥小姐爲該校任職。宗玥小姐任職師大，便要僱請傭人，在家照護其父。終於覺得薪俸所入有限，實際不敷僱傭工錢及家用，同時又感由別人幫傭，不若自己親自照顧父親的周到。因此後來她竟辭了職，回到家侍奉久病的父親，直至今年敬之教授逝世，她無日不在其父身邊。像這樣孝順的女兒，在當今之世，誠是極難一見的，能不歸功於家敎庭訓之有方嗎？

敬之教授早歲肄讀邑中如臯師範學校，深受他的校長（監督）恩師前清翰林出身的沙健庵（元炳）先生的薰陶，年甫弱冠，卽以文詞飲譽鄉里。纔畢業，沙先生便留其在校中執教，且遍爲遊揚於各方。他教學數年後，旋再赴日本留學深造，習法律。學成返國，卽受當時名滿全國的教育家、實業家南通狀元張季直（謇）所禮聘羅致。嗣其師復介其於江蘇省長韓止叟（國鈞），邀佐幕務。迨隨韓去職，乃就聘教授於江蘇法政大學。已而以文人之身，歷參戎幕，中間且曾在軍事委員會委員長武昌行營，隨侍先總統　蔣公，繕治文告。然自供職西北剿匪總司令部時，値西安事變，微服出險，卽歸故里鄉居。迄抗日勝利，共匪叛國，大陸淪胥，敬之教授挈家避難滬瀆，時已船運交通斷絕，德配劉夫人率家人遄返如臯，先生僅攜女公子玥偸渡舟山，輾轉抵臺，其幼子華，則已投軍先到。故來臺後，僅有一子一女，其餘三子一女，則均陷大陸匪區，劉夫人已先於先生逝世。

綜觀敬之教授的一生，可說完全是由我國傳統文化培養出來的一位儒者，因此他的立言行事，也莫不以保存固有文化爲其職志。爲了保存固有文化，他精治古文，且認爲「言之不文，行之不遠」，故其所撰文字，皆用文言，甚至還不甚贊成以語體寫作的現時教學方法。他又見到時下對婚喪禮制的太不講求，連請帖和訃文都亂寫，所以不惜費很多精神，撰爲「婚禮芻言」、「稱謂正謬」、「訃文正謬」等文，以期匡正社會的乖亂現象。在這些文內，他不但只談道理，而且還很花心思，擬出一些具體可行的改革方案，可見他實事求是不尙空談的精神。只可惜我們社會的結構，改變得太多太快，況且大家對此積習已深，不甚注意到他的呼籲，以致很多仍是依然故我地亂寫亂行下去罷了。

人家每多稱許敬之教授的書法，不錯，他書法各體俱工，確是功夫深厚，但他自己却認爲其文章比書法爲優，他對古文所下的苦功更多。因此當年江蘇省長同時也在學術界甚有聲望的韓國鈞，在敬之教授的文集「觀魚廬稿」序言中，謂其「取徑震川，上窺唐宋，卓然有成」。而當時文章名家李詳（審言）更說：「其氣靜穆，夷猶冲澹，綽然若有餘裕，余敬之慕之，愧弗能爲其體」。可謂推許備至了。

他惓惓不忘師教，對從學最久而又最賞拔他的沙健庵老師，固然極爲懷念，屢有文章記述，而且對他幼年開蒙的幾位業師許承瓚、嚴錫瓚和周寶祥，也曾爲其作傳。這點大概由於他深受沙老師「諄諄焉惟德行操守之勗，不使以文藝相矜尚」的影響（見志頤堂獻詩序），行之不渝。故不獨於其業師爲然，對曾追隨的長官，也一樣是久而尊敬不忘的。抗日期間，日人曾脅迫他的老長官韓國鈞出任僞職，韓堅拒之。敬之教授亦親犯兵塵，至韓家，矢共患難。這是尋常人所不易做得到的。他來臺後，對先總統　蔣公維護中華民族生命和文化道統的反共復國中興大業崇仰不已，矢志奉行。並作「民族道統贊」，自堯、舜、禹、湯、文王、周公、孔、孟、以至　蔣公，各撰贊詞，用小楷恭書小册呈覽及分贈親友，又於　蔣公就連任第四次總統時，作頌詞「驅風鞭霆。旋乾轉坤，重光日月，繫於一人」，以篆書呈獻。蔣公自七秩以至八秩的每年壽誕，他也必各撰一聯呈獻恭祝。七秩聯曰：「大知古來稀，聖人多壽乾坤轉，中興今示兆，元首維明日月光」（篆書）；七秩晉一聯曰：「七年卽戎基善教，一人定國策中興」（行書）；七二聯曰：「上追七十有二代，下撫億兆必萬年」（篆書）；七三聯曰：「七教修明新基丕振，三辰含耀舊物重光」（隸書）；七四聯曰：「七政以齊天地同壽，四維所繫邦家之基」（正楷）；七五聯曰：「「七曜光明騰九有，五雲紅縵護三台」（篆書）；七六聯曰：「七略羅胸應萬變，六韜接踵說三多」（隸書）；七七聯曰：「七縱七擒無遠不服，一張一弛惟聖爲能」（正楷）；七八聯曰：「七德舞群英祝萬壽，八陣圖大知運奇謀」（篆書）；七九聯曰：「矯漢展鵬圖，七篤鯤游舊瀛海，如霖待龍降，九州鵠企望雲霓」（隸書）；八秩聯曰：「八千歲爲春八千歲爲秋，五百年有湯五百年有武」（篆書）。我們在他所撰作的頌辭和賀聯中，具見他善頌善禱的誠敬之情，而且壽聯每年均順序以嵌字表明，幷可看出他深厚的文學功力。自民國五十六年蔣公八秩晉一華誕，卽未有敬之教授再撰寫賀聯，大概他那時候身體心力已極不能支，（他於五十七年初病發的）否則一定還會繼續下去，不致中輟的。於此更見出他那鞠躬盡瘁的精神，彌足令人欽佩。

而且敬之教授不僅對其師長上官致其崇敬忠忱而已，其對平輩友朋，以及後生晚輩，亦莫不出之一片眞誠懇摯的內心情感。人有一善，都爲之稱揚不遺餘力。人有所不逮者，則諄諄勸勉，期其上進。例如他在一篇「示如臯師範學校留級生書」中，對留級學生殷殷加以慰藉鼓勵。於此益見得敬之教授的厚道待人之一斑，亦卽其對先聖忠恕之道，有最深切的體認和力行不輟，才能如此的。

敬之教授畢生治學不厭，教人不倦，所撰作的著述很多。就我曾見過的，有「觀魚廬稿」上下兩册，「南溟雜稿」六册，「秦關鴻雪」一册等，其所爲文，莫不關乎人心世道，都是可存之作。再者，我於讀他的「秦關鴻雪」時，見其「登華山記」裏，竟把華山上的每一勝處都曾記述不遺，并各有題詠。可知他對每事都必小心記取，鉅細不遺的刻苦治學治事精神。他在遊覽西安碑林的文內，也於無數的碑石中，尋出他故鄉如臯的孫文恭公應鼇（明萬曆間工部尚書）的碑刻。予以題記。足見其對故鄉掌故之注意。像這些雖屬小事，但倘非爲學不倦的人，如此鍥而不舍的工作是不易辦到的。誠堪作爲後學者奉爲楷模的榜樣。

（民國六十八年五月）

國父民前一年在芝加哥同盟會召集會議，商討黃花
岡之役善後及再圖大舉問題，會後與同志合影。
（後排右四爲梅喬林先生）

梅喬林先生遺作

革命賢者梅喬林先生

一、前言

自從　國父孫中山先生倡導國民革命，海內外凡是熱誠愛國愛民和心切匡時救世的志士仁人，都莫不雲起景從，爲救國建國大業而獻身革命。現在我在這裏記述的梅喬林先生，就是當年獻身革命的志士之一。喬林先生自壯歲參盟，搭上了「革命列車」，隨同前進，直至期頤之年，未嘗中途下車。而且他不求利，不求名，只爲革命工作而鞠躬盡瘁，死而後已。這種精神，誠足爲革命同志們所當步武效法，爲世人所佩服敬重，眞不愧稱爲一位賢人君子，值得大家永作矜式的。

二、中華文化的對人評價標準

在未敍述喬林先生的平生概略之前，讓我先行略爲說明：我們中國傳統文化對於人的評價，和西方的觀點是不盡同的。西方人重視功利，故對英雄傾心崇拜。而他們心目中的所謂英雄，只要看見那個人獲得了很高的權力地位，或者做出了一件不尋常的事情，聳動了社會聽聞的，就都成爲衆所崇拜的對象。至於其權力地位如何得來，或其所幹的是什麽事情？後果如何？却不問不管的。然而我們中國人的看法則不然。我們從古就已定出了一個「三不朽」的標準，三不朽亦曰「三立」，便是「立德、立功、立言」，每一項都就其對人羣社會具有良好影響的貢獻來衡量。因此大衆所敬重的賢人君子，大抵從其「庸言、庸行」的平凡處而看，却不論其權力地位，也不計其曾否幹出什麽驚天大事的。是以我們又有句話說，「人人都可以做聖人」，就是這個道理。

三、壯歲赴美參盟革命

喬林先生於民前四十年，出生於廣東臺山（舊名新寧）縣的端棻鄉。梅氏是當地的望族，族人多遠赴美國芝加哥一帶謀生，故芝加哥華僑社會，也成了梅氏族人集結之處。喬林先生少年在鄉讀書，及壯，慨夫清季失政，國勢淩夷，而西風東漸，新學日昌。他因爲父兄俱在芝城，且該地族人衆多之故，乃間關負笈前往，欲尋新知，以爲拯救國家民族之張本。他抵芝城之後，鄉里親人，以其學有根柢，僑社事務，每多委之處理，爲人所敬愛。

他曾在偶然機會之中，獲讀鄒容所著「革命軍」一書，於是深知非革命不足言救國，革命思想油然萌生。後來知道革命運動係由 國父孫中山先生領導的，對此革命領袖極爲嚮慕。先是，當民國前四年春，舊金山革命同志李是男、黃伯耀、黃芸蘇等組織「少年學社」，並出版「美洲少年星期報」（次年改名少年中國晨報），鼓吹革命。喬林先生雖遠處芝城，即已參加爲該報通訊員。他並在芝城結合梅光培、曹湯三等，組織革命團體，以「會英樓」爲機關，與舊金山之少年學社互相聯繫。又組織宣傳隊，向僑胞密集地區，宣傳革命。及至民前三年秋間，他們聞知國父將由歐來美，即致電歡迎，懇請到芝城指導革命方略。 國父既抵芝城，於僑界盛大歡迎席上演說並分別答復詢問後，羣心悅服，即介紹同志多人參加革命同盟，並即着手組成芝加哥同盟分會，由衆推舉蕭雨滋及梅喬林爲會長。按 國父原定行程，擬由紐約先赴舊金山，但因芝城同志之堅邀，乃先到此。故美洲各地同盟分會之設，紐約爲首，芝城次之，較舊金山猶早也。

四、追隨 國父貢獻心力

自此之後，國父再度到芝城時，均邀喬林先生爲之佐理文電等事宜。時因策劃國內革命起義，亟待籌集大量餉款。然自辛亥春廣州黃花岡之役，用去鉅款，仍告失敗，籌餉更感不易了。蒙喬林先生曾建議設立「革命公司」，發行面額百元之股票萬張，訂明於革命成功後倍額兌回。蒙國父認爲可行，且親草「緣起書」，準備着手辦理。但在籌辦間，武昌起義已告成功，民國遂卽建立，此公司之籌劃因而未再進行。又喬林先生鑒於其時飛機的製造與航行，在美已漸趨作戰實用階段，認爲我國的革命進行，亦應隨着時代進步，採取此種最新航空戰術。故在芝城約同李綺菴、梅光培等，並報奉國父的贊許，組織「華僑飛機隊」，並商得舊金山方面同志所設的籌餉局的資助，購買寇蒂斯廠飛機兩架，除由李綺菴、余夔兩同志學習駕駛，並將兩飛機運回國內備用。惟當飛機運抵國內時，武昌起義已告成功，亦未及運用。僅將其引擎存放於上海一小工廠，據說後來曾由馬超俊先生開辦航空學校作教練機云。

民國成立，國父被擧爲臨時大總統，喬林先生隨在總統府任秘書，並由陸軍部委兼華僑飛機隊的助理。旣而國父讓總統位於袁世凱，喬林先生也離開了總統府而南返廣東，且奉命回到故鄉臺山，設立「新寧同盟會」主持會務。

五、二次革命「鐵血」討袁

袁世凱既獲登上總統之位，其猙獰面目卽盡暴露，欲以國家爲己物，自私專制，將反對者濫捕濫殺，國民黨人多遭毒手。故　國父乃有二次革命討袁之擧。時袁之爪牙龍濟光盤踞粤省，暴戾恣睢，無惡不作。喬林先生除協助朱執信先生等同志，運動民軍，策劃討伐袁、龍工作外，他還與李天德、陳耀平、陸覺生等，在香港組織「鐵血團」，參與討伐行動。是役雖因南方各省革命武力不足，次第爲袁所擁有之北洋軍閥攻破而失敗。但革命精神之澎湃磅礴，足使奸雄國賊喪膽。故至民國五年雲南起義，袁氏卒被迫取消帝制，旋卽羞憤氣斃。其獨裁專制，在澎湃的革命潮流中，終歸幻滅。

袁賊雖倒，北洋政府仍復倒行逆施，毀棄約法。國父於民國六年，乃率艦南下護法，組織軍政府於廣州。又民國十年，粤軍驅走桂系軍閥，　國父回粤就任非常大總統。喬林先生均曾隨在左右服務，不辭勞怨。軍次桂林，準備大擧北伐，以喬林先生任桂全軍路局局長。

六、潛研黨史從事著述

民國十三年多，　國父北上籌商和平統一，旋逝世於北平。黨中以共產黨徒跨黨肆亂，紛擾不已。喬林先生乃潛心於革命歷史之考訂，從事著述，宣揚革命先賢史蹟。至民國廿二年，出任中國國民黨中央黨史史料編纂委員會纂修。自後卽在此崗位上，孜孜辛勤工作了三十餘載，直至民國五十八年，他已九十有八，雖其身體精神，仍可工作如常，但因退休辦法開始實施，他乃引例自退。翌年九十有九，偶感不適，卽歸道山。所謂「鞠躬盡瘁，死而後已」，喬林先生眞可稱得爲一個典型了。

喬林先生平生著述甚多，除對革命事實資料細心考訂外，並常撰寫有關革命史蹟的文章及革命同志的傳略等，發表於報章雜誌。其最膾炙於人口者，諸如與李綺菴合著的「開國前美洲華僑革命史略」，自撰的「廣州三二九擧義前後」、「黃花之役　國父行蹤」、「劉梅卿事略」等，不特敍事詳贍，文辭亦甚茂美，足爲黨史增光不少。此外，他還善畫蘭、竹。記得民國五十一年春節，我專誠到臺中去看他老人家，向他拜年。他異常高興，卽寫了一幅蘭花贈我，並題詩云：「托根原是在蓬萊，種得人間浥露開，莫患山中知己少，忽傳空谷足音來。」他的畫自創一格，不落他人窠臼，早爲藝壇所稱。其詩亦甚清新，且充滿了人情味而自有身分。我得之喜極，携歸什襲而珍藏之。近因搬家，檢出展玩，不禁又觸起對這位可敬的同志長者無限懷念，覺得應該把他的嘉言懿行，誠實表揚，以勵後輩。

七、綜觀生平允稱賢者

我們綜觀喬林先生的生平，其對黨國之忠誠堅毅，已如上述。其處世態度，則是非明辨，不苟取與，而基於厚道，惟善是親，樂羣愛衆，故曾於民國五十一年，被推選爲全國第五屆的「好人」。當時陳故副總統辭修先生且曾贈頒「歲寒松柏」一匾，以示褒彰。至於其持躬自處，則清廉高潔，既不汲汲於富貴，又不戚戚於貧賤，一惟淡泊自甘。記得馬星樵（超俊）先生曾說過一段故事：當抗日戰爭初期，日敵節節進攻，迫近南京，兵臨城下，京中各機關人員，多已分別疏散後方了，馬先生時任南京市長，以職責所在，尚未撤退，忽見喬林先生來見，馬先生問他，你還沒有走嗎？他未說什麼，只是苦笑一下。馬先生了然其處境，旋乃親至其寓所，送了他四百元。然後他才有旅費轉進大後方去了。我們知道，馬、梅兩先生都是美洲同盟會中的老同志、老朋友。但喬林先生在最艱危的時候，對老朋友面前，還是不肯開口借點旅費，卽此足見他的品格之一斑了。大陸淪共後，他隨中央撤到臺灣，黨史會一部設在臺中，他便與孫女素英及孫婿伍錦珍居於臺中。日常布衣粗糲，怡然自樂，而勤謹奉公，孜孜工作，老而忘倦。暇則畫蘭竹，賦詩篇。觀其贈我畫蘭所題，他蓋以空谷幽蘭，自況其亮節高風者也。

八、結語

如喬林先生者，可謂從中華傳統文化孕育出來的一位賢人君子。他雖只是一個平凡的人，沒有甚麼豐功大業，顯耀於世人之前，但也一樣是值得大家敬愛景仰，俎豆馨香，永傳於世的。

（民國七十一年十二月）

民國六十四年十月，本書作者在參加重慶上清花園在台同仁聚餐時與黃天鵬先生晤談合影。

民國廿二年黃天鵬先生爲上海時事新報特派員時在香港謁胡漢民先生。

悼念黃代表天鵬兄

我和天鵬兄初次謀面，是在重慶中央訓練團，那時我任團本部教育委員會主任秘書，天鵬兄任團中附設新聞研究班總教官。記得有一次我們在鄒海濱先生處晤面，由於我對新聞事業一直頗有興趣，便提出一些淺見和他研究（讀書時我曾任廣州采風報的記者），他不但不以我爲外行，反而對我的意見有所採納，以後還不時和我交換意見，由此，可見他爲人是多麼的謙沖爲懷。

勝利還都後，天鵬兄被提名爲廣東普寧縣國大代表候選人，不料有黨外人士從中作梗，我顧及他在本黨中央服務多年，且對憲法頗有研究，略爲斡旋，予以化解。但一波未平，一波又起，黨中又有一位要競爭提名，我只好再度奔走協調，天鵬兄終獲提名當選。這是我站在黨和同志立場，義所當爲的事，而天鵬兄却不時提及，念念不忘。

從中央訓練團、三民主義青年團、制憲國民大會到中國憲法學會，我和天鵬兄曾長期間共同工作，我們的交情幾達半世紀之久，尤其在憲法學會，我們曾共同克服了若干艱困，致力於會務的發展，我們眞可說是「志同道合」「患難之交」。

天鵬兄不僅是名報人、名教授，也是著名的憲政運動者，他的事功實難以一一縷述，我只能舉其犖犖大者，略睽一二：

一、新聞教育、宏範長存

早在民國十五、六年，天鵬兄便憑他足遍大江南北的閱歷，在「時事新報」發表一系列的採訪報導，從「萬寶山慘案」到「九一八」後的華北旅行，所寫報導性的文章，受到許多讀者的歡迎，並獲得廣泛的讚譽。

其後，從復旦大學新聞系到滬江大學新聞科的開辦，天鵬兄都擔任了重要角色。他以從日本各大學及新聞研究機構所學習的新聞知識，配合他從事報館工作多年累積的經驗，融會貫通，形成他對中國新聞教育的見解和主張。他在「論新聞」一文中，曾說：「新聞學源出於史。今日之新聞，即明日之歷史。我們要以中華傳統之史學精神，擷採西洋傳播科技，創造新聞的新時代。」

天鵬兄在復旦及滬江兩個大學的新聞系，以及來臺後，在政大、文化學院、政戰學校等處任教，除學理外，在編輯技巧方面，也傳授其經驗與心得，桃李滿門，作育至衆。他在新聞教育方面，固是早期的拓荒者；而在新聞事業方面，更是歷盡艱辛，尤以民國十六年創辦「新聞學刊」，尤具貢獻。在抗戰時期，重慶遭受日寇疲勞大轟炸，各報悉遭凌夷，不得已聯合出版，前後九十九天當中，實由天鵬兄主其事。他這種大無畏精神，與臨危不亂的舉措，最能夠表現報人的堅貞意志，而爲我國報史留下光輝的一頁。

二、國大耆宿，勳業彪炳

天鵬兄從三十六年起，便一直擔任國民大會代表。三十八年大陸變色，隨樞府渡海，堅持大節，與國大同仁籲請　蔣公復行視事，在臺代表首次宣言，卽由天鵬兄所草擬。由四十九年第三次大會起，天鵬兄膺選爲主席團主席，直至五十五年臨時會和第四次大會，他都連任主席，頗多獻替。而且始終本著維護法統，弘揚憲政的宗旨，奮鬥不懈。

歷次國民大會會議的成就卓越，天鵬兄奔走其間，默默耕耘，貢獻頗多，代表們對他都很尊重，而他則祇奉獻心力，不爭名位。也就是由於國民大會代表們的努力和貢獻，使歷次會議都能完成其歷史性的使命，爲三民主義統一中國的大業佈下了坦途。

三、弘揚憲政，迭有建白

天鵬兄於三十六年當選為國大代表後，除仍在各大專院校執教新聞課程外，并致力於憲法之研究。來臺後，乃與張懷九先生和我等發起組織中國憲法學會，由懷九先生擔任理事長，天鵬兄則任駐會理事兼秘書長，一直到六十三年由我接任理事長，他仍俯允繼續擔任秘書長的職務。憑著他多年從事新聞事業之經驗，以及盱衡世界民主國家的趨勢，對於五權憲法有深刻的體認；他又多次奉命出國考察，其中又以訪問東南亞諸國次數最多，時間最長，所以他先後發表了「東南亞各國憲法之新傾向」、「南亞各國憲法的特質與分野」等作，頗多眞知灼見。梁寒操先生還贈以「四方歷聘當奇𠡠，歸來攜策滿囊中」的詩句，對他稱譽備至。

從中華民國四十年五月五日，中國憲法學會成立以來，最初出版「中國憲法學會年刊」，五十五年擴充為「憲法學報」，後又更名為「憲政時代」，都專刊有關憲法憲政的論著。我接任理事長後，并將年刊改為季刊，三十年來從未間斷，天鵬兄更始終參與其事，并屢次撰稿發表論見，眞是勞苦功高。而他的論著，都以闡揚五權憲法思想，并以維護法統，發揚憲政為主旨，不但可以看出他憂時之深，也可以看出他謀國之誠。

天鵬兄一生嚴以律己，寬以待人，竟其全力從事教育與著作，因此，他的人格、文章與事功，都可經世而永垂不朽，其學問上之成就，以及對國家之貢獻，方蒸蒸日上，奈何天不假年，遽於本月廿四日溘然長逝，天人永隔，寧不痛哉！天鵬兄的逝世，誠然是報界和學術界的一大損失。故總統府資政葉公超先生生前曾讚許他：「文章西漢兩司馬，經濟南陽一臥龍。」用來概其一生的志業，可以說最恰當不過。而今哲人已遠，臨風懷慕，不勝淒然。

（民國七十一年四月）

張伯華同志遺照

懷念張伯華同志

八月十六日早，我得悉張伯華同志於十五日晚突然逝世的消息，不禁爲之震驚悼念不已。伯華同志久在中國國民黨中央黨部服務，其平日工作之忠誠勤奮，人所同欽。今一旦猝逝，誠屬很大的損失，至堪惋惜。據說，十五日那天下午四時許，他曾馳赴桃園中正機場，接一位由海外公畢回國的主管，返到臺北便往參加友約晚餐，但入席不久，便又於八時趕到松山機場接另一位由高雄回臺北的首長，公畢再回晚餐，嗣以其中一客先退，伯華很熱情的，陪送他出門登車，就在門口車旁，卽告不支倒地，這時大家卽把他送往就近的宏恩醫院急救。不料到醫院時，他早已過世了，群醫束手，回生乏術，後據法醫檢驗，他是因患急性心臟病致命的。就伯華同志逝世前幾個小時內的短暫時間來看，已可見出他平日服務負責以及工作繁忙辛勞的一斑，眞可以說得上爲工作鞠躬盡瘁，死而後已了。這種高度的服務精神，實在令人無限敬佩。

我和伯華同志相識相處，已歷三十餘年，可算得是一位老同事和老朋友，對他的工作及其待人接物態度，知之頗深，並覺得他很足爲後輩青年效法步式的楷模。記得當我國抗日勝利後，中央黨部由渝還都南京之初，由於辦公處所的電器設備，需要一位技術嫻熟的工作人員負責管理，故商得電信局同意，借調伯華同志到中央黨部工作。其時他才僅及冠之年，性情活潑開朗，而工作十分勤奮，努力向上，除了做他份內關於電器方面的事務之外，其他凡是他能力做得到的，都無不樂於應命去做，而且做得很妥當，因此他受到同事們的十分欣賞，人緣極佳。也就因此，經他原服務機構核可後，他便正式被派爲中央黨部的服務員。其後逐步按級升遷，任務也逐漸加重。初在總務科辦理一般事務，後來調到常委會服務和負責接待等工作。時値共匪叛亂，中央數度播遷，且爲適應當時局勢，許多人員都分期遣散了，留下的工作同志，人少事繁，一人作數人用，我深知伯華同志的工作，是非常繁重的。

伯華同志隨著中央黨部由京遷粵，再遷渝、遷蓉，又再經海南島而遷到臺北，歷盡許多艱險，而黽勉努力如故，毫無怨尤。其中最値得記述的，是當民國三十八年底由渝遷蓉之時，匪軍已到達重慶近郊，形勢異常危急，我奉命速將黨部遷往成都，部署完畢，我由胡治章同志陪同，乘車到達機場後，囑他乘原車，回市內會同夏正祺同志等同車駛蓉。我並切囑治章同志要轉告候領疏散費的負責同志，並轉囑伯華同志共同把款（銀圓）儘速押運赴蓉，於是伯華同志等另乘一部中型吉普車赴蓉。那時眞是兵荒馬亂，大有風聲鶴唳草木皆兵之概，這一押運鉅款遠道跋涉的任務，實在艱險萬分。如果猝遇變故，車中雖有兩名憲兵，何濟於事？非具過人的忠心勇氣，都是不敢和不肯擔當的。但伯華同志却奮其忠勇之懷，毅然負起協助重責，而且安然的達成任務，使中央黨部緊急的疏散工作，能够順利進行，他這番艱苦的勞績，是功不可沒，也是使我永不忘懷的。

伯華同志在中央黨部服務，三十餘年間，從服務員做起而助理幹事、幹事、編審、專門委員，到現在的公共關係室的總幹事，脚踏實地的逐步上進。他對工作的熱誠盡責以及他和同志間的協洽和諧，都是大家所衆口同稱的。尤其是他對中央常務會議及其他重要會議的服務，在公共關係方面對於聯繫及接待工作，做得非常完善，但凡和他接觸過的，無論上上下下，甚至外來的賓客，他都莫不禮貌週到，而不卑不亢，周旋合節，令人具有可愛可親之感，他實在是一位不易多得的幹練長才。因此，他于民國五十五年秋間，雖曾一度爲臺灣合會儲蓄公司所借重，自中央黨部辦理退職，轉任該公司董事會秘書，但約兩年後，中央黨部又再把他徵調回來了。於此也可以見到他是受各方重視而爭相樂用的幹達之才。而伯華同志之絕對服從黨的徵調，這種風度，亦極可佩。伯華同志方當五十許的壯盛之年，體魄素健，精神充沛，談笑風生，大家都料不到他會死得這麼早的。今竟一旦猝然凋喪了這樣一個良好的幹部，可說是我們黨工同志中一項重大的損失，怎不令人愴悼懷思，太息莫已！

伯華同志的種種工作優良表現，是衆所共見的，實在用不著我再來贅述。惟最近尚有一事或未甚爲人所知的，我覺得也值得一提，以見伯華同志作事虛心、誠懇、精細和認眞的美德。月前，革命女傑卓國華以九十餘高齡逝世，中央黨部爲協助其家屬辦理治喪事宜，派由伯華同志負責。他接受了這項任務後，曾來向我問及應該怎樣處理才妥當。也許他以爲我對卓老同志所知較多，而對一般老同志又特別關注的緣故。我覺得伯華同志旣然問及我的意見，我也樂得就我所知的告訴他。後來他又爲了卓老同志的墓地問題，再三請我偕同前往察看，我覺得他如此尊崇老同志，又愼重其事，極爲感動，也樂得爲他協助，於是跟他和許副主任一齊前往陽明山各處觀看，結果爲卓老同志選到了一塊墓地，後來大家看了都很滿意，伯華同志特別對我說：「幸能勉成任務，才覺心安理得」，就這麼一件事情看來，亦足說明了伯華同志作事的小心謹愼而虛懷若谷。他不但是一位優秀的工作同志，更是一個具有眞實情感、極富服務精神的幹部！

（民國六十九年八月）

滄海叢刊已刊行書目(六)

書名	作者	類別
都市計劃概論	王紀鯤	建築
建築設計方法	陳政雄	建築
建築基本畫	陳榮美 楊麗黛	建築
中國的建築藝術	張紹載	建築
現代工藝概論	張長傑	雕刻
藤竹工	張長傑	雕刻
戲劇藝術之發展及其原理	趙如琳	戲劇
戲劇編寫法	方寸	戲劇

滄海叢刊已刊行書目（五）

書名	作者	類別
文學新論	李辰冬	中國文學
分析文學	陳啓佑	中國文學
離騷九歌九章淺釋	繆天華	中國文學
苕華詞與人間詞話述評	王宗樂	中國文學
杜甫作品繫年	李辰冬	中國文學
元曲六大家	應裕康 王忠林	中國文學
詩經研讀指導	裴普賢	中國文學
莊子及其文學	黃錦鋐	中國文學
歐陽修詩本義研究	裴普賢	中國文學
清真詞研究	王支洪	中國文學
宋儒風範	董金裕	中國文學
紅樓夢的文學價值	羅盤	中國文學
中國文學鑑賞舉隅	黃慶萱 許家鸞	中國文學
浮士德研究	李辰冬譯	西洋文學
蘇忍尼辛選集	劉安雲譯	西洋文學
印度文學歷代名著選（上）（下）	糜文開	西洋文學
文學欣賞的靈魂	劉述先	西洋文學
西洋兒童文學史	葉詠琍	西洋文學
現代藝術哲學	孫旗譯	藝術
音樂人生	黃友棣	音樂
音樂與我	趙琴	音樂
音樂伴我遊	趙琴	音樂
爐邊閒話	李抱忱	音樂
琴臺碎語	黃友棣	音樂
音樂隨筆	趙琴	音樂
樂林蓽露	黃友棣	音樂
樂谷鳴泉	黃友棣	音樂
樂韻飄香	黃友棣	音樂
水彩技巧與創作	劉其偉	美術
繪畫隨筆	陳景容	美術
素描的技法	陳景容	美術
人體工學與安全	劉其偉	美術
立體造形基本設計	張長傑	美術
工藝材料	李鈞棫	美術

滄海叢刊已刊行書目㈣

書名	作者	類別
放鷹	吳錦發	文學
黃巢殺人八百萬	宋澤萊	文學
燈下燈	蕭蕭	文學
陽關千唱	陳煌	文學
種籽	向陽	文學
泥土的香味	彭瑞金	文學
無緣廟	陳艷秋	文學
鄉事	林清玄	文學
余忠雄的春天	鍾鐵民	文學
卡薩爾斯之琴	葉石濤	文學
青囊夜燈	許振江	文學
我永遠年輕	唐文標	文學
思想起	陌上塵	文學
心酸記	李喬	文學
離訣	林蒼鬱	文學
孤獨園	林蒼鬱	文學
托塔少年	林文欽編	文學
北美情逅	卜貴美	文學
女兵自傳	謝冰瑩	文學
抗戰日記	謝冰瑩	文學
給青年朋友的信(上)(下)	謝冰瑩	文學
孤寂中的廻響	洛夫	文學
火天使	趙衛民	文學
無塵的鏡子	張默	文學
大漢心聲	張起鈞	文學
回首叫雲飛起	羊令野	文學
文學邊緣	周玉山	文學
累廬聲氣集	姜超嶽	文學
實用文纂	姜超嶽	文學
林下生涯	姜超嶽	文學
材與不材之間	王邦雄	文學
人生小語	何秀煌	文學
比較詩學	葉維廉	比較文學
結構主義與中國文學	周英雄	比較文學
韓非子析論	謝雲飛	中國文學
陶淵明評論	李辰冬	中國文學

滄海叢刊已刊行書目(三)

書名	作者	類別
弘一大師傳	陳慧劍	傳記
孤兒心影錄	張國柱	傳記
精忠岳飛傳	李安	傳記
師友雜憶 八十憶雙親 合刊	錢穆	傳記
中國歷史精神	錢穆	史學
國史新論	錢穆	史學
與西方史家論中國史學	杜維運	史學
中國文字學	潘重規	語言
中國聲韻學	潘重規 陳紹棠	語言
文學與音律	謝雲飛	語言
還鄉夢的幻滅	賴景瑚	文學
葫蘆・再見	鄭明娳	文學
大地之歌	大地詩社	文學
青春	葉蟬貞	文學
比較文學的墾拓在臺灣	古添洪 陳慧樺	文學
從比較神話到文學	古添洪 陳慧樺	文學
牧場的情思	張媛媛	文學
萍踪憶語	賴景瑚	文學
讀書與生活	琦君	文學
中西文學關係研究	王潤華	文學
文開隨筆	糜文開	文學
知識之劍	陳鼎環	文學
野草詞	韋瀚章	文學
現代散文欣賞	鄭明娳	文學
現代文學評論	亞菁	文學
藍天白雲集	梁容若	文學
寫作是藝術	張秀亞	文學
孟武自選文集	薩孟武	文學
歷史圈外	朱桂	文學
小說創作論	羅盤	文學
往日旋律	幼柏	文學
現實的探索	陳銘磻編	文學
金排附	鍾延豪	文學

滄海叢刊已刊行書目(二)

滄海叢刊已刊行書目(一)

書名	作者	類別
中國學術思想史論叢(一)(二)(三)(四)(五)(六)(七)(八)	錢穆	國學
國父道德言論類輯	陳立夫	國父遺教
兩漢經學今古文平議	錢穆	國學
先秦諸子論叢	唐端正	國學
先秦諸子論叢(續篇)	唐端正	國學
儒學傳統與文化創新	黃俊傑	國學
湖上閒思錄	錢穆	哲學
人生十論	錢穆	哲學
中西兩百位哲學家	黎建球 鄔昆如	哲學
比較哲學與文化(一)(二)	吳森	哲學
文化哲學講錄(一)(二)	鄔昆如	哲學
哲學淺論	張康譯	哲學
哲學十大問題	鄔昆如	哲學
哲學智慧的尋求	何秀煌	哲學
哲學的智慧與歷史的聰明	何秀煌	哲學
內心悅樂之源泉	吳經熊	哲學
愛的哲學	蘇昌美	哲學
是與非	張身華譯	哲學
語言哲學	劉福增	哲學
邏輯與設基法	劉福增	哲學
中國管理哲學	曾仕强	哲學
老子的哲學	王邦雄	中國哲學
孔學漫談	余家菊	中國哲學
中庸誠的哲學	吳怡	中國哲學
哲學演講錄	吳怡	中國哲學
墨家的哲學方法	鐘友聯	中國哲學
韓非子的哲學	王邦雄	中國哲學
墨家哲學	蔡仁厚	中國哲學
中國哲學的生命和方法	吳怡	中國哲學
希臘哲學趣談	鄔昆如	西洋哲學
中世哲學趣談	鄔昆如	西洋哲學